Den felande länken

Edda Kunert

© 2019 Kunert, Edda

Alla bilder och omslagssidorna: Edda Kunert

Förlag: BoD – Books on Demand, Stockholm, Sverige
Tryck: BoD – Books on Demand, Norderstedt, Tyskland
ISBN: 978-91-7699-017-9

Innehållsförteckning

Jesus Kristus
är densamme i går
och i dag och i
evighet.

Hebreerbrevet 13:8

Till läsaren

Det är i allmänhet inte känt att det har varit antaganden som ledde fram till uppkomsten av adventismen. Adventistsamfundet är idag en frikyrka som har stor spridning i världen. Vid tiden för adventismens uppkomst fanns en profet med namn Ellen Gould White (i fortsättningen E. G. White), som var en av denna frikyrkas grundare och ledare. E. G. White ser det adventistiska trossystemet som *"gyllene länkar, sammanlänkade till en fullkomlig helhet "* (1) och som ett *"fullständigt och följdriktigt sanningssystem"* (2). Den här boken visar att det fattas en viktig länk bland dessa *"gyllene länkar"*.

Anledningen till mitt beslut att skriva denna bok är dels min upptäckt att det finns en historisk omöjlighet inom det adventistiska tros- eller sanningssystemet, och dels att jag i mitt sökande efter orsaken till denna historiska omöjlighet upptäckte att en viktig länk fattas bland det som av E. G. White kallas *"gyllene länkar"* (1) och ett *"fullständigt och följdriktigt sanningssystem"* (2).

Syftet med denna bok är att framhålla de fakta som jag har funnit, för att läsaren skall få möjlighet att ompröva sin ståndpunkt när det gäller adventismen. Jag vill betona att tyngdpunkten i detta arbete ligger på det teologiska området och att den här boken inte på något sätt yttrar kritik mot adventister som människor.

Edda Kunert
Juli 2019

Referenser

1. White, E. G., Spirit of Prophecy, Vol. 2, s. 508.
2. White, E. G., The Great Controversy, s. 423.

Citat från Bibeln (om inte annat har angivits)
Svenska texter:
Svenska Folkbibeln 98, ©1998, Stiftelsen Svenska Folkbibeln, Stockholm.
Gamla testamentet (De Apokryfiska Böckerna), 1921, Svenska Kyrkans Diakonistyrelses Bokförlag, Stockholm.
Engelska texter:
New American Standard Bible, © 1960, 1962, 1963, 1968, 1971, 1972, 1973, 1975, 1977 by the Lockman Foundation.
Tyska texter:
Die Bibel oder die ganze Heilige Schrift des Alten und Neuen Testaments nach der deutschen Übersetzung D. Martin Luthers, 1912, Privilegierte Württembergische Bibelanstalt, Stuttgart.

Kapitel 1

William Miller – Adventrörelsen börjar

William Miller (1782-1849) var en baptistpredikant i Amerika. Hans uppmärksamhet gällde i synnerhet de profetiska böckerna Daniel i Gamla testamentet och Uppenbarelseboken i Nya testamentet. Innehållet i hans budskap var att Kristus skulle komma tillbaka till jorden någon gång mellan 1843 och 1844. När tiden närmade sig sade Miller att Jesu återkomst skulle ske den 21 mars 1843. Den tiden ändrades sedan till den 21 mars 1844. (1) Millers budskap drog stora skaror människor. Den text som intresserade Miller mycket, var Daniel 8:13-14 där det står:

"Hur lång tid avser synen rörande det dagliga offret och det förödande avfallet som gör att både helgedom och härskara förtrampas? Då svarade han mig: 'Tvåtusentrehundra kvällar och morgnar, sedan skall helgedomen renas och återställas'."

Miller trodde att helgedomen i Daniel 8:14 var jorden, och att Jesus vid slutet av de 2300 kvällarna och morgnarna skulle komma tillbaka till jorden för att rena den. Men historien vittnar om att Jesus inte kom vid den utsatta tiden. Ytterligare en gång ändrades tiden, denna gång till den 22 oktober 1844. Miller hade då redan bekänt sitt misstag och lämnat rörelsen. (1) Bland dem som höll fast vid Millers förkunnelse fanns bland andra Hiram Edson och E. G. White.

När Jesus inte kom den 22 oktober 1844, upplevde de troende en svår och bitter besvikelse. De kunde inte förstå varför Jesus inte hade kommit. De var helt säkra på att beräkningen av tiden var rätt.

Men de hade inte tagit i beaktande att det var i strid med Jesu egna ord att bestämma en tid för hans återkomst.

Då hade Hiram Edson, en av de troende som hade hållit fast vid Millers förkunnelse, en ingivelse eller "syn". Han menade att beräkningen av tiden var helt rätt, men att det var fel händelse som de hade väntat skulle ske. Han sade att Jesus, i stället för att komma till jorden, hade trätt in i det allraheligaste i den himmelska helgedomen för att rena den från de troendes bekända synder och för att börja med den "Undersökande domen". Nu hade de troende en förklaring till den stora besvikelsen över Jesu uteblivna återkomst. Läran om den undersökande domen har sitt ursprung i Hiram Edson, och den bekräftades sedan av E. G. White. Därigenom blev denna lära oupplösligt förenad med adventismen. Mer om detta längre fram i den här boken under rubriken "Den undersökande domen". Jesu förmenta inträde den 22 oktober 1844 i det allraheligaste i den himmelska helgedomen ses av adventisterna som en uppfyllelse av Daniel 8:14. Den texten säger:

"Då svarade han mig: 'Tvåtusentrehundra kvällar och morgnar, sedan skall helgedomen renas och återställas'."

Den texten (Daniel 8:14) anses i adventistisk teologi ha varit "både grunden och den bärande pelaren" i tron på Jesu ankomst. (2) Längre fram i boken kommer läsaren att få veta hur William Miller gjorde sin beräkning av tiden för Jesu återkomst. Då kommer vi att närma oss den felande länken. Ett faktum är att Adventistsamfundet har sina rötter i Millers misslyckade profetior om Jesu återkomst. (3)

Referenser

1. www.britannica.com/topic/Adventism#ref979171
2. White, E. G. (1990), *Den stora striden*, s. 394.
3. https://www.gotquestions.org/Ellen-G-White.html

*Och om jag än går och bereder plats
åt er, skall jag komma tillbaka och ta er
till mig, för att ni skall vara där jag är.*

Johannesevangeliet 14:3

Kapitel 2

Ellen Gould White – vem var hon?

Ellen Gould White (1827-1915) **(1)** var en av ledarna till den grupp av troende som höll fast vid Millers förkunnelse. Hon var från början metodist, men genom Millers predikan anslöt hon sig till gruppen adventtroende. **(2)** Efter att Miller hade bekänt sitt misstag, började E. G. White få syner. Och hon bekräftade Millers uträkning att den skulle ha varit ledd av Guds hand och att den inte borde förändras ... **(3)**

E. G. White blev sedan det nya samfundets andliga ledare. Hennes litterära produktion var omfattande. Hon reste i många länder och talade på adventistiska möten. Än idag anses hon inom adventismen vara en Guds profet, och hennes undervisning tillämpas flitigt i samfundet. Hon stadfäste Hiram Edsons "syn" angående Jesu inträde den 22 oktober 1844 i det himmelska allraheligaste och läran om den undersökande domen.

Fastän E. G. White har skrivit mycket som är upplyftande och vackert, finns det anledning att inte betrakta henne som en Guds profet. Hon har stadfäst läror för vilka det inte finns något stöd i Bibeln och som till och med motsäger den. Å ena sidan var det till synes viktigt för E. G. White att en lära måste kunna bevisas med Bibeln. Hon sade:

"Innan vi godkänner någon lära eller någon föreskrift måste vi som bevis kräva ett tydligt: 'Så säger Herren.'" **(4)**

"De (Guds prövade folk, förf. anm.) kommer att förlita sig på det levande ordet: 'Det är skrivet.' Detta är den enda grund på vilken de tryggt kan bygga." **(5)**

Men å andra sidan har hon gjort märkliga uttalanden som ger en annan bild av henne och som ger anledning att inte betrakta henne som en Guds profet. Här är ett sådant citat av henne:

"**När Guds kraft vittnar om vad som är sanning, måste denna sanning alltid framstå som sanningen. Inga ytterligare antaganden som motsäger det ljus som Gud har givit, får göras.** Män kommer att framträda med tolkningar av Bibeln som för dem är sanning, men som inte är sanning. Gud har givit sanningen för denna tid som en grund för vår tro. Han själv har lärt oss vad som är sanning. Någon kommer att träda fram och ännu någon, med nytt ljus som motsäger det ljus som Gud har givit under hans helige Andes uppenbarelse.
...
Vi får inte ta emot deras ord som kommer med ett budskap som motsäger **de speciella punkterna i vår tro.** De samlar ihop många texter ur Bibeln och lägger upp dessa som bevis för sina påstådda teorier. ... **Och medan Bibeln är Guds ord och måste respekteras, är det ett stort misstag att tillämpa den om denna tillämpning rubbar en enda pelare av den grund som Gud har burit upp under dessa femtio åren.** Han som gör en sådan tillämpning känner inte till den helige Andes underbara uppenbarelse som gav kraft och styrka åt de gångna budskap som har kommit till Guds folk." (Fetstil av förf.) **(6)**

Enligt detta citat anser E. G. White att det är ett stort misstag att med Bibelns hjälp pröva en lära på dess sanningshalt *om* tillämpningen av Bibeln rubbar en enda pelare av den grund som Gud har burit upp under dessa femtio åren. Den grund *"som Gud har burit upp under dessa femtio åren"* är de nya adventistiska läror som har stadfästs av E. G. White. När E. G. White skrev ovan nämnda ord var de nya lärorna bara ungefär femtio år gamla. Apostlarna visste inte något om dem. Längre fram i denna bok kommer läsaren att få reda på vilka dessa läror är och att *"den grund som Gud har burit upp under dessa femtio åren"* faktiskt har rubbats genom tillämpningen av Bibeln.

Något som är sant kan granskas från alla sidor, och det förblir sant. Men om det är något som inte stämmer, vill man förhindra att det granskas, man vill inte att lögnen blir uppenbar.

Man undrar vad som var anledningen till att E. G. White med bestämdhet avrådde från att med hjälp av Bibeln pröva *"den grund som Gud har burit upp under dessa femtio åren"* om tillämpningen av Bibeln *"rubbar en enda pelare av den grund ..."* Om den information som E. G. White fick i sina syner, verkligen hade varit från Gud, skulle hon inte ha behövt avråda från att pröva den med Bibeln, för både hennes syner och Bibeln skulle i detta fall ha haft samma upphovsman, samma källa för sanning. Gud råder oss i Bibeln att pröva andarna, om de kommer från Gud:

> "Mina älskade, tro inte alla andar utan pröva andarna om de kommer från Gud. Ty många falska profeter har gått ut i världen." 1. Johannesbrevet 4:1.

Genom att avråda de troende från att tillämpa Bibeln när de vill pröva *"den grund som Gud har burit upp under dessa femtio åren"*, hindrar hon människorna från att upptäcka sanningshalten i det som hon säger sig ha fått visat i sina syner.

Låt oss närmare begrunda E. G. Whites ord *"den grund som Gud har burit upp under dessa femtio åren"*. Det talas här om en grund som är ung. Vid tiden då citatet skrevs har den grunden inte varit äldre än runt femtio år. På denna unga grund vilar adventistsamfundet. Den grunden består av nya läror om vilka apostlarna och de bibliska profeterna inte visste något. Denna unga grund harmonierar inte med den gamla fasta grunden som består av apostlarnas och de bibliska profeternas skrifter. Visste kanske E. G. White om detta när hon med bestämda ord avrådde från att med Bibeln pröva *"den grund som Gud har burit upp under dessa femtio åren"* om tillämpningen av Bibeln *"rubbar en enda pelare ..."*? Den grund som E. G. White talar om i citatet ovan, är ung och den klarar inte att bli granskad genom tillämpningen av Bibeln, som läsaren kommer att se längre fram i denna bok.

Referenser

1. www.brittannica.com/biography/Ellen-Gould-Harmon White
2. www.brittannica.com/biography/William-Miller
3. White, E. G., *Early Writings*, s. 74.
4. White, E. G., *Den stora striden*, s. 570.
5. White, E. G., *Vägledningen för församlingen*, bd. 3, s. 308.
6. White, E. G., *Counsels to Writers and Editors*, s. 31, 32.

Kapitel 3

Ett ödesdigert antagande

Vi vill dra oss till minnes vad som stod i avsnittet "Till läsaren" i början av denna bok. Där citerades ord av den adventistiska profeten E. G. White. Hon skriver om det adventistiska tros- eller sanningssystemet att det visar sig som *"gyllene länkar, sammanlänkade till en fullkomlig helhet"* **(1)** och som *"ett fullständigt, sammanhängande och följdriktigt sanningssystem"* **(2)**. Hon skriver också att detta fullständiga, sammanhängande och följdriktiga sanningssystem visar *"att Guds hand hade lett i den stora milleritiska rörelsen"*. **(2)**

Nu vill vi närmare gå in för detta tros- eller sanningssystem som enligt E. G. White visar sig som *"gyllene länkar, sammanlänkade till en fullkomlig helhet"* och som *"ett fullständigt, sammanhängande och följdriktigt sanningssystem"*. Vi kommer nu att undersöka om detta sanningssystem verkligen är *"gyllene länkar, sammanlänkade till en fullkomlig helhet"* och *"fullständigt, sammanhängande och följdriktigt"*.

Endast när det inte fattas någon länk kan man tala om en fullkomlig helhet och ett fullständigt, sammanhängande och följdriktigt sanningssystem. Om en länk (en viktig till och med) fattas, kan det inte längre var tal om en fullkomlig helhet och ett fullständigt, sammanhängande och följdriktigt sanningssystem. Vi närmar oss den platsen där en viktig länk fattas.

Hur kom William Miller på den tanken att Jesus skulle komma tillbaka till jorden år 1843 (som senare ändrades till 1844)? Och hur hänger detta ihop med bibeltexten i Daniel 8:14 där det talas om 2300 aftnar och morgnar? Och att helgedomen skulle komma till sin rätt igen efter de 2300 aftnarna och morgnarna? Den adventistiska profeten E. G. White skriver **(3)**:

"De ord i Bibeln som framför alla andra hade varit både grunden och den bärande pelaren i tron på ankomsten var: 'Tvåtusentrehundra aftnar och morgnar; därefter skall helgedomen komma till sin rätt igen'." Daniel 8:14.

Vad menas med det? Denna bibeltext sägs ha varit både grunden och den bärande pelaren i tron på ankomsten. Menad är här Jesu ankomst till jorden. Om denna text hade så stor betydelse att den ansågs utgöra grunden och den bärande pelaren i tron på ankomsten, måste den ha varit mycket viktig i Millers uträkning av tiden för Jesu ankomst. Eftersom en del läsare kanske inte är insatta i det adventistiska tros- eller sanningssystem, vill jag förklara detta mer utförligt.

I Daniel kapitel 8 (i Gamla testamentet) beskriver Daniel en syn som han hade fått. William Miller var mycket intresserad av den synen. Det var i kung Belsassars tredje regeringsår som Daniel fick denna syn. Svenska Folkbibeln anger att Besassars tredje regeringsår har varit år 551 f. Kr. Enligt Benson Commentary var det 553 f. Kr. *(https://biblehub.com/commentaries/daniel/8-1.htm)*. Tidsangivelsen kan variera lite, beroende på vilken historisk källa som används. Hela synen finns beskriven i Daniel 8:1-27. Daniel såg en bagge med två horn som angreps västerifrån och som besegrades av en bock med ett stort horn. Daniel 8:3-7. Vi läser från och med vers 8 i samma kapitel:

"… Bocken blev mycket mäktig. Men när den var som starkast brast det stora hornet sönder och fyra andra stora horn kom upp i dess ställe, riktade åt himlens fyra väderstreck. Från ett av dem sköt ett litet horn ut, som växte till kraftigt mot söder och öster och mot det 'härliga landet'. Det växte ända upp till himlens härskara och kastade några av denna härskara och av stjärnorna ner till jorden och trampade på dem. Till och med mot härskarans furste företog det sig stora ting och tog bort ifrån honom det dagliga offret, och platsen där hans helgedom stod förstördes. Tillsammans med det dagliga offret blev en härskara prisgiven för överträdelsens skull. Och hornet slog ner sanningen till jorden och hade framgång i vad det företog sig. Sedan hörde jag en av de heliga tala, och en annan helig frågade den som talade: **'Hur lång tid avser synen rörande det dagliga offret och det förödande avfallet som gör att både helgedom och härskara förtrampas?'** Då svarade han mig: **'Tvåtusentrehundra kvällar och morgnar, sedan skall helgedomen renas och återställas.'"** Daniel 8:8-14.

Av en ängel (ängeln Gabriel) får Daniel sedan synen förklarad:

"Och mitt över Ulai hörde jag rösten av en människa som ropade: 'Gabriel, uttyd synen för honom!' ... Därefter sade han: 'Jag skall låta dig veta vad som skall ske när det lider mot slutet av vreden (på engelska: förolämpningen, smäleken; på hebreiska: indignation; förf. anm.), för detta syftar på ändens tid (på engelska: den utsatta tiden för slutet; förf. anm.). Baggen som du såg, han med de två hornen, betyder Mediens och Persiens kungar. Men den raggiga bocken är Javans (Greklands, förf. anm.) kung, och det stora hornet mellan hans ögon är den förste kungen (Alexander den store, förf. anm.). Men att det brast sönder och att fyra andra uppstod i stället, det betyder att fyra riken skall uppstå av hans folk, men hans kraft skall de inte ha. Vid slutet av deras välde, när överträdarna har fyllt sitt mått, skall en fräck och illasinnad kung uppstå. Han skall bli stor i kraft, men inte genom egen styrka. Han skall åstadkomma så stort fördärv att man måste förundra sig, och han skall lyckas i allt han gör. Han skall fördärva mäktiga män, och även det heliga folket. Genom sin klokhet skall han lyckas väl med sitt svek. Han skall anse sig själv överlägsen, och han skall fördärva många mitt i deras trygghet. Ja, han skall sätta sig upp mot furstarnas Furste, men han skall krossas utan hjälp av människohand. Synen om kvällar och morgnar, som det talas här, är sann. Men göm du synen, för den syftar på en avlägsen framtid." Daniel 8:16-26.

Genom ängeln Gabriels förklaring av synen får Daniel en utförlig beskrivning av det lilla hornet i Daniel 8:9 och vad detta horn skulle företa sig. Det skulle förfölja Guds folk (det var judarna på den tiden) och ta bort det dagliga offret (förbjuda den dagliga offertjänsten i helgedomen). Profetian om de 2300 aftnarna och morgnarna talar inte om när denna tidsperiod börjar. Det finns ingen uppgift angående en startpunkt för de 2300 aftnarna och morgnarna. Vi vet därför inte när denna tidsperiod skulle börja. Det enda vi får veta är att den vanhelgelse av helgedomen, förföljelsen av Guds dåvarande folk (judarna) som skedde för deras överträdelses skull (Daniel 8:12), och förbudet av den dagliga offertjänsten genom det lilla hornet i Daniel 8:9 skulle pågå under en tid av 2300 aftnar och morgnar. Sedan skulle helgedomen renas och komma till sin rätt igen. Daniel 8:13-14.

Som vi tidigare redan har sett, var William Miller mycket intresserad av den här bibeltexten. Efter 2300 aftnar och morgnar skulle helgedomen renas och komma till sin rätt igen. Miller trodde att helgedomen i denna text skulle betyda jorden och att Jesus efter 2300 aftnar och morgnar skulle komma tillbaka till jorden för att rena den. Men ingen startpunkt för denna tidsperiod finns angiven.

Orden i Daniel 8:17 "...*ty synen syftar på ändens tid*" och Daniel 8:19 "*Jag skall låta dig veta vad som skall ske när det lider mot slutet av vreden, för detta syftar på ändens tid*" tolkas i adventistisk teologi som om synen syftar på tidens slut. På hebreiska **(4)** används här orden (översatta till engelska) *in the latter time of the indignation* (för "slutet av vreden") och på engelska (*New International Version*) **(5)** används här orden *later in the time of wrath* (för "slutet av vreden") och *the appoin-*

ted time of the end (för "ändens tid"). Den *Orthodox Jewish Bible* använder följande begrepp: *in the latter part of the wrath period* (för "slutet på vreden") och *at an appointed time the end shall be* (för "ändens tid") **(6)**

Uttrycket "ändens tid" ledde de första adventisterna till uppfattningen att synen (om de 2300 aftnar och morgnar) syftar på tidens slut eller världens slut. Denna uppfattning råder än idag. Men begreppet "an appointed time of the end" passar inte på världens eller tidens slut, eftersom tidpunkten för världens slut inte är bestämd. Däremot var slutet för de 2300 aftnarna och morgnarna bestämt; slutet för denna tidsperiod skulle vara vid slutet av de 2300 aftnarna och morgnarna. Nu behövde man bara veta när de 2300 aftnarna och morgnarna började, för då skulle man kunna räkna ut när de slutade. För att komma ännu närmare platsen där den viktiga länken fattas, behöver vi nämna ytterligare en syn. Synen om de 2300 aftnarna och morgnarna finns i Daniel kapitel 8. I nästa kapitel i Daniel finns den syn som vi skall betrakta härnäst. Den synen handlar om sjuttio veckor. Men innan vi går till den synen följer här några synpunkter angående adventismens antagande att de 2300 aftnarna och morgnarna i Daniel 8:14 skulle betyda 2300 "dagar", närmare bestämt 2300 profetiska dagar eller 2300 verkliga år.

Eftersom synen om de sjuttio veckorna följer i nästa kapitel, i anslutning till det kapitel som talar om de 2300 aftnarna och morgnarna, antog de första adventisterna att synen om de sjuttio veckorna var en fortsättning av synen om de 2300 aftnarna och morgnarna. Man antog dessutom att de 2300 aftnarna och morgnarna var "dagar". I adventistisk teologi talas det om "2300 dagar". Man antar att det handlar om 2300 profetiska dagar som anses vara 2300 verkliga år. Men Grundtexten använder här inte ordet för "dag" (*yom*) eller "dagar" (*yamim*), utan *erev* (afton) och *boker* (morgon), vilket betyder aftnar och morgnar. Uttrycket "aftnar och morgnar" i Daniel 8:14 är på hebreiska *erev-boker* **(7)**. "Erev-boker" syftar på de afton- och morgonoffer som dagligen frambars i helgedomen och som hörde till de dagliga levitiska gudstjänstceremonierna **(8)** (*Orthodox Jewish Bible*).

Vi skall nu betrakta synen om de sjuttio veckorna i Daniel kapitel 9. Den synen gavs i "Ahasveros son Darejaves första regeringsår". Hela synen finns i Daniel 9:20-27. Darejaves första regeringsår var enligt Svenska Folkbibeln år 539 f. Kr. (mer än tio år efter förra synen, den om de 2300 aftnarna och morgnarna). Även denna tidsangivelse kan variera lite, beroende på vilken historisk källa som tillämpas. I Bibeln följer kapitel 9 direkt efter kapitel 8, och så har de första adventisterna antagit att synen om de sjuttio veckorna i Daniel kapitel 9 bara var en fortsättning av synen om de 2300 aftnarna och morgnarna i Daniel kapitel 8. Hela det adventistiska tros- eller sanningssystemet bygger på denna uppfattning att de båda synerna hör ihop. Men det ligger faktiskt över tio år mellan de båda synerna, något som inte tas i beaktande i adventistisk teologi och som de flesta adventister (även ledande personer inom samfundet) inte ens vet om. Om de sjuttio veckorna står det i Bibeln:

"Sjuttio veckor är bestämda över ditt folk och över din heliga stad för att göra slut på överträdelse, försegla synder, försona skuld, föra fram en evig rättfärdighet, fullborda syn och profetia och smörja den Allraheligaste. Vet därför och förstå: Från den tid då ordet gick ut att Jerusalem skulle återställas och byggas upp ..." Daniel 9:24, 25. (Anmärkning i Svenska Folkbibeln: "Annan översättning: *det allraheligaste*" i stället för *den* Allraheligaste.) Den *Orthodox Jewish Bible* använder här ordet "Kodesh HaKodashim" som betyder *det allraheligaste*. Se

(https://biblehub.com/ojb/daniel/9.htm) och till exempel Hebréerbrevet 9:3, *(https://biblehub.com/ojb/hebrews/9.htm)*.

I vers 25 utpekas en händelse som enligt Bibeln skulle vara startpunkten för de sjuttio veckorna. Man kom fram till att den startpunkten var år 457 f. Kr., ett mycket viktigt år i adventistisk teologi. De första adventisterna gjorde det ödesdigra **antagandet** att synen om de sjuttio veckorna i Daniel kapitel 9 anses vara en fortsättning av synen om de 2300 aftnarna och morgnarna i Daniel kapitel 8. De **antog** även att de båda tidsperioderna därför hör ihop. Detta är den punkt som leder till uppkomsten av Adventist-samfundet med ett nytt, unikt tros- eller "sannings"system som ser sant ut men som innehåller allvarliga motsägelser. Dessutom **antar** man i adventistisk teologi att det handlar om 2300 "dagar" (profe-tiska dagar). Att detta är en villoväg, har redan tidigare i denna bok kommit fram. Uttrycket "aftnar och morgnar" syftar inte till "da-gar". Den *Orthodox Jewish Bible* använder här **inte** ordet för dagar (*yamim*), utan *"erev-boker"* som syftar till "afton- och morgonoffer". **(8)**

Vi har lokaliserat den felande länken. **Antagandet** att synen om de sjuttio veckorna i Daniel kapitel 9 anses vara en fortsättning av synen om de 2300 aftnarna och morgnarna är en förutsättning för att det adventistiska trossystemet med sina speciella läror har kun-nat bildas. Den felande länken är den länk som skulle utgöra ett tydligt vittnesbörd från Bibeln att de båda synerna hör ihop. Men detta tydliga vittnesbörd från Bibeln fattas, det finns inte. Ändå utgår adventisterna från att de båda tidsperioderna hör ihop. Denna uppfattning stöds av E. G. White och den är orubbligt förenad med det adventistiska tros- eller "sannings"systemet. Att ett tydligt vitt-nesbörd från Bibeln fattas som skulle utgöra ett bevis att de båda tidsperioderna hör ihop, visar att det adventistiska "san-nings"systemet är byggt på ett **antagande** (och inte på ett vittnes-börd från Bibeln).

Låt oss gå tillbaka till E. G. Whites ord, som har nämnts i avsnittet "Till läsaren". Hon beskriver det adventistiska trossystemet som *"gyllene länkar, sammanlänkade till en fullkomlig helhet"* (9) och som ett *"fullständigt och följdriktigt sanningssystem"* (2). Men vi har sett att det fattas bevis från Bibeln som skulle kunna visa att de båda tidsperioderna skall höra ihop. Hade det funnits ett sådant bevis, skulle man inte ha behövt göra detta ödesdigra antagande. Att detta antagande var ödesdigert kommer läsaren att se längre fram i denna bok i kapitel 8 "De 2300 aftnarna och morgnarna i Daniel 8:14 och årtalet 457 f. Kr.". I det adventistiska trossystemet fattas en viktig länk, den länk som skulle förbinda länkarna till *en fullkomlig helhet* och ett *fullständigt och följdriktigt sanningssystem.*

Antagandet att de båda synerna hör ihop följdes av ytterligare antaganden. Dels antog man att de sjuttio veckorna i Daniel kapitel 9 var avskurna från de 2300 aftnarna och morgnarna, och dels antogs de sjuttio veckorna vara avskurna **från början** av de 2300 aftnarna och morgnarna. På detta sätt skulle de två tidsperioderna få samma startpunkt. Eftersom det fanns en startpunkt för de sjuttio veckorna, hade man nu även fått en startpunkt för de 2300 aftnarna och morgnarna. På den vägen fick de 2300 aftnarna och morgnarna en startpunkt, samma startpunkt som de sjuttio veckorna, nämligen år 457 f. Kr. Nu kunde man räkna ut, när de 2300 aftnarna och morgnarna slutade. Man hade antagit att det handlade om 2300 "dagar", närmare bestämt 2300 profetiska dagar som skulle betyda 2300 verkliga år. På detta sätt kom William Miller fram till år 1843 e. Kr., det året då han trodde att Jesus skulle komma tillbaka till jorden. Senare ändrades tiden till den 22 oktober 1844.

Daniel 8:14 talar om att helgedomen efter 2300 aftnar och morgnar skulle renas och återställas. William Miller trodde att helgedomen var jorden och att den skulle renas vid Jesu återkomst. Att man valde den 22 oktober 1844 berodde på att man trodde att judarnas årliga stora försoningsdag år 1844 inföll på denna dag. Man räknade från år 457 f. Kr. 2300 år framåt i historien och kom då till år 1843 e. Kr., men eftersom Jesus inte kom på den framräknade tiden, sattes en ny tid till den 22 oktober 1844. När Jesus inte kom den gången heller, upplevde de troende en mycket stor besvikelse. De kunde inte förstå varför Jesus inte hade kommit. Uträkningen av tiden stämde, det var de helt säkra på. Men vad de inte hade tänkt på var att det var emot Jesu egna ord och lära att bestämma en tid för hans återkomst. Ingen människa vet något om denna händelse.

"Men om den dagen eller stunden vet ingen något, inte heller himlens änglar, ingen utom Fadern." Matteusevangeliet 24:36.

Millers budskap att Jesus skulle komma tillbaka år 1844 var således ett falskt budskap, som därför redan från början hade varit dömt att sluta i stor besvikelse. Dessutom nämner Bibeln inte någon startpunkt för de 2300 aftnarna och morgnarna. Det enda man visste om denna tidsperiod var att den skulle vara i 2300 aftnar och morgnar. Eftersom det inte fanns någon startpunkt angiven i Bibeln kunde man inte heller räkna ut när den skulle sluta. Hela uträkningen av en tid för Jesu återkomst vilar endast på **antagandet** att synen om de 2300 aftnarna och morgnarna i Daniel kapitel 8 och synen om de sjuttio veckorna i Daniel kapitel 9 ansågs höra ihop. Detta åtföljdes av ytterligare flera antaganden, nämligen att de sjuttio veckorna ansågs vara avskurna från början av de 2300 aftnarna och morgnarna och att de båda tidsperioderna därför ansågs ha samma startpunkt. Dessa antaganden har ödesdigra konsekvenser som vi längre fram kommer att se.

Referenser

1. White, E. G., *Testimonies for the Church*, bd. 3, s 448.
2. White, E. G., *Den stora striden*, s. 407.
3. White, E. G., *Den stora striden*, s. 394.
4. https://biblehub.com/interlinear/daniel/8-9.htm
5. https://biblehub.com/niv/daniel/8.htm
6. https://biblehub.com/ojb/daniel/8.htm
7. https://biblehub.com/ojb/daniel/1.htm
8. https://biblehub.com ojb/

   Esra 3:3 ("morgonens och aftonens brännoffer", *boker and erev*); 2. Krönikeboken 2:4 ("offra brännoffer morgon och kväll", *boker and erev*); 2. Krönikeboken 31:3 ("brännoffer morgon och kväll", *boker and erev*).

9. White, E. G., *Spirit of Prophecy*, Vol. 2, s. 508.

Kapitel 4

De 2300 aftnarna och morgnarna i Daniel 8:14 och årtalet 1844 e. Kr.

Bland de troende som förgäves hade väntat att Jesus skulle komma tillbaka den 22 oktober 1844, fanns Hiram Edson. Han trodde att uträkningen av tiden var helt rätt, men att det var fel händelse som de väntade på. Hiram Edson menade att Jesus, i stället för att komma till jorden, hade öppnat dörren till det allraheligaste i den himmelska helgedomen för att rena den från de troendes bekända synder och för att påbörja den *"Undersökande domen"*. Nu hade de troende en förklaring för den stora besvikelsen som de fick uppleva efter att Jesus inte hade kommit vid den utsatta tiden.

Den adventistiska läran om dels den undersökande domen och dels Jesu inträde den 22 oktober 1844 i det allraheligaste i den himmelska helgedomen har i Hiram Edson sin upprinnelse. E. G. White stadfäste sedan denna lära som på detta sätt blev olösbart förenad med adventistisk teologi. Denna lära blev en bärande pelare i det adventistiska tros- eller "sannings"systemet. Jesu inträde den 22 oktober 1844 i det allraheligaste i den himmelska helgedomen ses av adventisterna som en uppfyllelse av Daniel 8:14 som säger:

"Då svarade han mig: 'Tvåtusentrehundra aftnar och morgnar; sedan skall helgedomen renas och återställas.'" Daniel 8:14.

E. G. White skriver: *"De ord som framför alla andra hade varit både grunden och den bärande pelaren i tron på ankomsten* (tron på Jesu återkomst, förf. anm.) *var: 'Tvåtusentrehundra aftnar och morgnar; därefter skall helgedomen komma till sin rätt igen.'"* **(1)**

27

Jesus förväntades komma tillbaka till jorden den 22 oktober 1844. Men nu antogs Jesus vid detta datum i stället ha trätt in i det allraheligaste i den himmelska helgedomen där han enligt adventistisk lära började med helgedomens rening som innebär den *undersökande domen* för vilken judarnas årliga stora försoningsdag ansågs vara en förebild eller symbol. På detta sätt föddes den adventistiska läran om den undersökande domen (mer om den läran längre fram i denna bok).

Årtalet 1844 e. Kr. anses i adventistisk teologi vara slutet av de 2300 aftnarna och morgnarna, den tidsperiod under vilken helgedomen enligt Bibeln skulle bli förorenad eller vanhelgad. Kusligt i sammanhanget är att det endast är ett antagande som detta årtal grundar sig på. Datumet den 22 oktober 1844 som slutpunkt för de 2300 aftnarna och morgnarna har sin upprinnelse i det ödesdigra antagandet att de sjuttio veckorna i Daniel kapitel 9 hör ihop med de 2300 aftnarna och morgnarna i Daniel kapitel 8. Men länken som skulle behövas här såsom bevis att dessa två tidsperioder hör ihop, finns inte, den fattas. Det är den felande länken, i vilkens ställe man gjorde det ödesdigra antagandet att de 2300 aftnarna och morgnarna hör ihop med de sjuttio veckorna. Detta antagande följdes av ytterligare antaganden att de sjuttio veckorna skulle vara avskurna från början av de 2300 aftnarna och morgnarna och att det på detta sätt ansågs finnas en gemensam startpunkt för de båda tidsperioderna. Att detta ödesdigra antagande angående de båda tidsperioderna endast är just ett antagande, är inte allmänt känt bland adventisterna. Den allmänna tron i församlingen är att uträkningen av årtalet 1844 vilar på biblisk grund. Men i ett brev från en adventistisk predikant till mig uttrycktes ledningens kännedom om att det handlar om ett antagande att de båda tidsperioderna sägs höra ihop och att de på detta sätt sägs ha en gemensam startpunkt **(2)**.

Genom detta antagande lades grunden för det adventistiska tros- eller "sannings"systemet. Tidsperioden om de 2300 aftnarna och morgnarna ansågs börja år 457 f. Kr. och sluta år 1844 e. Kr. Efter de 2300 aftnarna och morgnarna skulle helgedomen renas och komma till sin rätt igen (Daniel 8:14). Det har redan nämnts tidigare i denna bok att Hiram Edson lade fram sina tankar och menade, att Jesus vid slutet av de 2300 aftnarna och morgnarna hade öppnat dörren till det allraheligaste i den himmelska helgedomen, gått in där och börjat med helgedomens rening vilket innebär den undersökande domen. Enligt adventistisk lära pågår denna undersökande dom fortfarande, i skrivande stund är det över 170 år som den, enligt adventistisk teologi, skulle ha börjat. Längre fram i boken kommer ett kapitel att utförligt handla om den undersökande domen.

Referenser

1. White, E. G., *Den stora striden*, s. 394.

2. Brev från adventistisk ledning till mig daterat den 2011-07-27. *"Denna profetiska tidsperiod* (de 2300 aftnarna och morgnarna, förf. anm.) *verkar höra ihop med de 70 profetiska veckorna, som nämns i nästa kapitlet."*

*Ty så älskade Gud världen att han
utgav sin enfödde Son, för att den som
tror på honom inte skall gå förlorad
utan ha evigt liv.*

Johannesevangeliet 3:16

Kapitel 5

Förklaring av olika begrepp

I den här boken förekommer vissa begrepp som för adventister är välbekanta men som är helt nya för många läsare. Därför vill jag i detta kapitel i korthet förklara innebörden av några begrepp för att läsaren lättare skall kunna följa fortsättningen av texten i denna bok.

(a) Helgedomen

Under mer än tusen år har Guds närvaro på jorden varit förenad med Israeliternas helgedom. Den byggdes en kort tid efter uttåget ur Egypten och kallades *"Uppenbarelsetält"*. Detta tält eller tabernakel avlöstes senare av templet. Mose skulle bygga denna helgedom enligt de mönsterbilder som visades honom. Helgedomen var byggd på ett sådant sätt att det lätt kunde tas ner och flyttas så länge Israeliterna var på sin vandring genom öknen. Genom gudstjänstceremonierna, genom offertjänsten i helgedomen och prästernas förmedling skulle Israeliterna lära sig hur de kunde närma sig Gud. Genom översteprästens förmedling kunde de även nå in i det allraheligaste, i Guds närvaro. **(1)**

Tabernaklet hade en förgård, där brännofferaltaret och ett tvättfat fanns. Själva helgedomen, uppenbarelsetältet, bestod av två avdelningar, den första som kallades *"det heliga"* och den andra som kallades *"det allraheligaste"*. Genom en praktfull förlåt skildes det allraheligaste (den andra avdelningen) från det heliga (den första avdelningen).

I den första avdelningen stod rökelsealtaret, den sjuarmade ljusstaken och bordet för skådebröden. På rökelsealtaret lade prästen varje dag glödande kol från brännofferaltaret och rökelse.

När rökelsen lades på de glödande kolen, steg röken upp. Och eftersom förlåten mellan det heliga och det allraheligaste inte räckte ända upp till tältets tak, fylldes båda avdelningar med rök. Rökelsealtaret stod närmast förlåten som skilde det allraheligaste från det heliga. I denna avdelning, det heliga, förrättade prästerna varje dag under hela året sin gudstjänst.

I den andra avdelningen, det allraheligaste, stod förbundets ark med nådastolen. I själva arken förvarades bland annat stentavlorna med de tio buden. Ovanpå arken fanns två praktfulla keruber av guld som bredde ut sina vingar uppåt över nådastolen. I denna avdelning, det allraheligaste, gick översteprästen en gång om året på den stora försoningsdagen och åstadkom försoning för Israeliterna. Enligt den levitiska gudstjänstordningen var det endast översteprästen som fick gå in i det allraheligaste.

Enligt adventistisk lära har den jordiska helgedomen varit en kopia av helgedomen i himlen, en helgedom med två avdelningar, det heliga och det allraheligaste. Genom helgedomen och dess gudstjänst- och offerceremonier skulle Israeliterna få undervisning om den väg på vilken de kunde få förlåtelse och försoning med Gud. De symboliska offer som dagligen frambars, var en symbol på det stora offer som en gång i framtiden skulle frambäras när Messias skulle ge sitt liv till försoning för världens synder. Om Jesus Kristus, Messias, står det skrivet:

"Han var utsedd redan före världens skapelse men har i dessa sista tider uppenbarats för er skull." 1. Petrusbrevet 1:20.

Låt oss läsa hur den himmelska helgedomen, Guds boning, ser ut och om den jordiska helgedomen verkligen kunde vara den himmelska i miniatyr:

"Genast kom jag i Anden, och se, en tron stod i himlen och någon satt på tronen. Och han som satt på den såg ut som en sten av jaspis och karneol, och en regnbåge som en smaragd omgav tronen. Runt omkring tronen stod tjugofyra troner, och på dessa troner satt tjugofyra äldste, klädda i vita kläder och med kronor av guld på huvudet. Och från tronen kom det ut blixtar, dån och åska, och framför tronen brann sju facklor, det är Guds sju andar. Framför tronen låg liksom ett hav av glas, klart som kristall..." Uppenbarelseboken 4:2-6.

"Då kom en annan ängel som hade ett rökelsekar av guld, och ställde sig vid altaret. Åt honom gavs mycket rökelse, som han skulle lägga till alla de heligas böner på guldaltaret framför tronen." Uppenbarelseboken 8:3.

I dessa texter finns ingen antydan om två avdelningar i den himmelska helgedomen, Guds boning. Johannes såg en tron och att någon satt på den (tronen symboliserades genom nådastolen i den jordiska helgedomen i det allraheligaste). Vidare såg Johannes sju facklor (som i den jordiska helgedomen symboliserades genom den sjuarmade ljusstaken i det heliga, den första avdelningen). Och Johannes såg ett gyllene altare framför tronen (som i den jordiska helgedomen var placerat i det heliga, den första avdelningen). Alla föremål som Johannes såg, fanns i ett enda utrymme, utan någon förlåt mellan ljusstaken, det gyllene altaret och tronen. Detta ses i adventistisk teologi som ett bevis på att Johannes såg in i det heliga (den första avdelningen) i den himmelska helgedomen och att även Guds tron skulle ha befunnit sig i den första avdelningen i himlens helgedom. Vi kommer tillbaka till detta.

(b) Den undersökande domen
Tidigare i denna bok har visats hur Hiram Edsons intryck gav upphov till en helt ny lära om vilken apostlarna inte visste något. Det är

läran att Jesus, i stället för att ha kommit till jorden vid slutet av de 2300 aftnarna och morgnarna, har öppnat dörren till det allraheligaste i den himmelska helgedomen, gått in där och börjat med helgedomens rening som innebär den undersökande domen. Denna lära förutsätter att det finns två avdelningar i helgedomen i himlen, det heliga och det allraheligaste. Det finns ett extra kapitel i denna bok om den undersökande domen.

(c) Den årliga stora försoningsdagen
Försoningsdagen var en stor helg hos Israeliterna. Den inföll på tionde dagen i sjunde månaden (enligt vår månadsindelning september – oktober). På den dagen gick översteprästen in i det allraheligaste för att åstadkomma försoning för de troende Israeliterna. **(1)**

(d) Det heliga
"Det heliga" var beteckningen för helgedomens första avdelning. Det kallades även "det främre rummet". I Nya testamentet har begreppet *det heliga* olika betydelser, beroende på i vilken kontext det används. Den första avdelningen i helgedomen, det främre rummet (som ursprungligen kallades *det heliga*) har upphört att bestå i och med att Jesus dog. Förlåten i templet rämnade uppifrån och ända ned. Matteusevangeliet 27:51. Nu fanns det inte längre någon avdelning som kunde kallas det heliga, utan nu hade de två heliga platserna (den första och den andra avdelningen) blivit ett enda heligt utrymme. Detta heliga rum kallas i Nya testamentet ibland *det heliga*, ibland *det allraheligaste* och ibland *helgedomen*. Genom Jesu död har vägen till det allraheligaste uppenbarats, förlåten finns nu inte längre, den hade rämnat. Inför detta faktum kan man av Bibelns kontext förstå den rätta innebörden av begreppet *det heliga* när det förekommer i Nya testamentet. Längre fram i denna bok behandlas detta utförligare.

Eftersom den himmelska helgedomen i adventistisk teologi antas bestå av två avdelningar, det heliga och det allraheligaste, förknippas med begreppet *det heliga* i adventistisk teologi endast den första avdelningen i helgedomen. Det finns några bibeltexter som i den svenska översättningen (Svenska Folkbibeln 98) öppet säger att Jesus efter sin himmelsfärd har gått in i det allraheligaste. Men ibland står det att han gick in i *en helgedom*, eller i *det heliga*, eller även att han gick in *i själva himlen*. Eftersom den första avdelningen i helgedomen (ursprungligen kallad *det heliga*) har upphört att bestå i och med Jesu död, syftar begreppet *det heliga* härefter ibland på det främre rummet (som har upphört att bestå), ibland på det allraheligaste (den andra avdelningen som nu har blivit ett med den första) och ibland till och med på hela helgedomen. Med andra ord kallas de heliga platserna ibland *det heliga*, ibland *det allraheligaste* och ibland *helgedomen*. Det kan förefalla oviktigt med alla dessa begrepp. Men inför den nya adventistiska läran om den *undersökande domen* som sägs ha börjat den 22 oktober 1844 och som förutsätter att det finns två avdelningar i den himmelska helgedomen, är det av vikt att belysa dessa begrepp och se dem i ljuset av Bibeln.

(e) Det främre rummet

Det främre rummet är ett annat uttryck för den första avdelningen i helgedomen, det heliga. Vi läser i Hebréerbrevet 9:2-8:

> "I tabernaklet inreddes ett främre rum som kallades det heliga. Där stod ljusstaken och bordet med skådebröden. Bakom den andra förlåten fanns ett rum som kallades det allraheligaste. ... Så blev det ordnat. I det främre rummet går alltid prästerna in och förrättar sin tjänst. I det andra rummet går endast översteprästen in en gång om året ..."

Av denna bibeltext kan vi förstå att begreppet *det främre rummet* syftar på den första avdelningen, ty dit gick prästerna alltid in och förrättade sin tjänst. Det andra rummet var det allraheligaste, dit gick endast översteprästen en gång om året. Även dessa begreppsförklaringar kan förefalla oviktiga i det stora sammanhanget. Men inför det faktum att uttrycket *det främre rummet* i adventistisk teologi har en avvikande betydelse som gör att texten har fått en annan innebörd som skiljer sig från den bibliska innebörden, har det blivit viktigt att klarlägga begreppet *det främre rummet*. Här följer ett citat av Uriah Smith (1832-1903, adventistisk teolog, lärare och skribent) av vilket den adventistiska tolkningen framgår. Uriah Smith skriver:

"Dessutom talar han (Paulus, förf. anm.) om den jordiska helgedomen i vers 8 (Hebréerbrevet 9:8, förf. anm.) såsom det första tabernaklet. Om den var det första, så måste även det andra existera; och om det första tabernaklet existerade så länge det första förbundet var gällande, måste, när det förbundet upphörde, det andra tabernaklet inta dess rum och utgöra det nya förbundets helgedom." **(2)**

Dessa ord av Uriah Smith är en förvrängning av texten i Hebréerbrevet 9:8 som därigenom har fått ett obibliskt innehåll. I motsats till detta citat av Uriah Smith står i Hebréerbrevet 9:8 varken något om en *jordisk helgedom* (som av Uriah Smith kallades det första tabernaklet) eller *det första förbundet*, eller att det andra rummet (som enligt Uriah Smith anses vara det Nya förbundets helgedom) har intagit det första tabernaklets plats. Bibeln berättar något helt annat:

"Därmed visar den helige Ande att vägen till det allraheligaste ännu inte har uppenbarats, så länge det främre rummet består." Hebréerbrevet 9:8.

Hebréerbrevets författare talar här om det främre rummet, ett begrepp som syftar till det heliga, den första avdelningen i helgedomen. Av Hebréer 9:6 framgår tydligt, att begreppet det *främre rummet* syftar till den första avdelningen i helgedomen, ty dit gick prästerna alltid och förrättade sin gudstjänst. Uriah Smiths påstående att det främre rummet skulle vara den jordiska helgedomen och det andra (rummet) det Nya förbundets helgedom, är därför en villfarelse.

Enligt Bibeln skulle det främre rummet bestå tills vägen till det allraheligaste hade uppenbarats. Denna väg blev uppenbarad när Jesus dog. Förlåten mellan det främre rummet (det heliga) och det andra rummet (det allraheligaste) rämnade uppifrån ända ned när Jesus dog. Nu hade vägen till det allraheligaste uppenbarats. Ingen förlåt dolde längre de heliga föremålen i det allraheligaste (förbundets ark med nådastolen). Nu fanns det inte längre två avdelningar i helgedomen. Det heliga och det allraheligaste hade nu tillsammans blivit en enda avdelning. Vägen till nådastolen i det allraheligaste i den jordiska helgedomen hade uppenbarats. Nu hade prästernas tjänst som förrättades i den första avdelningen, blivit överflödig, ty Guds Lamm hade dött, det stora offret, till vilket de ceremoniella offren hänvisade.

(f) Innanför förlåten, bakom förlåten, framför förlåten

När Bibeln talar om förlåten i helgedomen, syftar den i allmänhet till den förlåt som skilde det allraheligaste (den andra avdelningen i helgedomen) från det heliga (den första avdelningen i helgedomen). Den adventistiska uppfattningen, att begreppet *innanför förlåten* syftar till det heliga (det främre rummet eller den första avdelningen) har inte något stöd av Bibeln. Ty när det Gamla testamentet använder begreppet *innanför förlåten* i samband med helgedomen (och en text i Nya testamentet när det gäller *bakom förlåten*), menas den förlåt som skiljer det heliga (den första avdelningen) från det allraheligaste (den andra avdelningen).

"Du skall hänga upp förlåten i hakarna och föra dit vittnesbördets ark och ställa den **innanför förlåten**. Förlåten skall för er skilja det heliga från det allraheligaste." (Fetstil av förf.) 2. Moseboken 26:33.

"Säg till din bror Aron att han inte när som helst får gå in i helgedomen **innanför förlåten** framför nådastolen som är ovanpå arken, för att han inte skall dö ... Sedan skall han ta ett fyrfat, fullt med glöd från altaret som står inför Herrens ansikte, och han skall fylla sina händer med krossad, väldoftande rökelse, och han skall bära in detta **innanför förlåten**." (Fetstil av förf.) 3. Moseboken 16:2, 12.

"**Bakom** den andra **förlåten** fanns ett rum som kallades det allraheligaste." (Fetstil av förf.) Hebréerbrevet 9:3.

Varje gång det Gamla testamentet använder begreppet *utanför förlåten* och *framför förlåten*, menas den förlåt som skiljer det heliga (den första avdelningen) från det allraheligaste (den andra avdelningen).

"Bordet skall du ställa **utanför förlåten** ..." (Fetstil av förf.) 2. Moseboken 26:35.

"I uppenbarelsetältet, **utanför förlåten** som hänger framför vittnesbördet ..." (Fetstil av förf.) 2. Moseboken 27:21.

"Han ställde också bordet i uppenbarelsetältet, vid tabernaklets norra sida, **utanför förlåten**." (Fetstil av förf.) 2. Moseboken 40:22.

"Han ställde in det förgyllda altaret i uppenbarelsetältet **framför förlåten.**" (Fetstil av förf.) 2. Moseboken 40:26.

"Den smorde prästen skall bära något av tjurens blod in i uppenbarelsetältet, och prästen skall doppa sitt finger i blodet och stänka sju gånger **framför förlåten** inför Herrens ansikte." (Fetstil av förf.) 3. Moseboken 4:16-17.

Förutom den förlåt som skilde det heliga (den första avdelningen i helgedomen) från det allraheligaste (den andra avdelningen i helgedomen) fanns det ett *förhänge* vid ingången till helgedomen.

"För ingången till tältet skall du göra ett förhänge (Masach, screen, curtain, förf. anm.) i brokig vävnad av mörkblått, purpurrött och karmesinrött garn och tvinnat fint lingarn." 2. Moseboken 26:36.

Detta förhänge kallades enkelt bara *förhänge* och det hade inte den härlighet som den förlåt hade som skilde det heliga från det allraheligaste. Det hebreiska uttrycket för detta förhänge är "Masach" eller "Masak". **(3)** Förlåten mellan det heliga och det allraheligaste däremot var gjord på ett konstnärligt sätt. På hebreiska kallas den "Parokhet" eller "Parochet" **(4)**; *(https://biblehub.com/ojb/exodus/26.htm).*

"Du skall göra en förlåt (Parokhet; förf. anm.) av mörkblått, purpurrött och karmesinrött garn och tvinnat fint lingarn. Den skall göras i konstvävnad med keruber på. Du skall hänga upp den på fyra stolpar av akacieträ. Stolparna skall vara överdragna med guld och ha krokar av guld ... Du skall hänga upp förlåten i hakarna och föra dit vittnesbördets ark och ställa den **innanför förlåten**. Förlåten skall för er skilja det heliga från det allraheligaste." (Fetstil av förf.) 2. Moseboken 26:31-33.

Förhänget vid ingången till helgedomen var den första förlåten i ordningen. Därför kallades förlåten mellan det heliga och det allraheligaste ibland också den *andra* förlåten. I detta sammanhang skall nämnas att den *Orthodox Jewish Bible* alltid (både i Gamla och i Nya testamentet) använder uttrycket "Parokhet" när den talar om förlåten, vilket är ett bevis på att det syftar på förlåten mellan det heliga och det allraheligaste (och **inte** på förhänget vid ingången till helgedomen).

Enligt Bibeln har Jesus efter sin himmelsfärd gått innanför förlåten (Hebréerbrevet 6:19-20). Även i denna text använder den *Orthodox Jewish Bible* uttrycket "Parokhet" vilket visar att det är förlåten mellan det heliga och det allraheligaste som menas här, och att Jesus har gått in i det allraheligaste i den himmelska helgedomen.

Men i adventistisk teologi tolkas det som om Jesus har gått genom den första förlåten, förhänget vid ingången till helgedomen, in i det heliga, den första avdelningen i helgedomen. Den adventistiska profeten E. G. White var tydligen omedveten om både den bibliska innebörden av begreppet *innanför förlåten* och om det faktum att den *Ortodox Jewish Bible* i bibeltexten i Hebréerbrevet 6:19-20 använder det hebreiska ordet "Parokhet" vilket menar förlåten mellan det heliga och det allraheligaste. **(5)** Texten i Hebréerbrevet 6:19-20 talar således om att Jesus efter sin himmelsfärd har gått in i det allraheligaste i den himmelska helgedomen.

Med hänsyn till den avvikande tolkningen av E. G. White när det gäller till exempel texten i Hebréerbrevet 6:19-20, är det därför av stor vikt att klargöra de olika begreppen och deras sanna betydelse.

Enligt Nya testamentet har Jesus gått *genom förlåten* (Hebréerbrevet 10:19-20). **(6)**

> "Bröder, i kraft av Jesu blod kan vi nu frimodigt gå in i det allraheligaste på den nya och levande väg som han har öppnat för

oss genom förlåten, det vill säga sitt kött." Hebréerbrevet 10:19-20.

Där finns Jesus nu, och han befinner sig som vår överstepräst på Guds högra sida. Texten säger även att det är Jesus med sitt kött som är förlåten. Hebréerbrevet 8:1.

"Detta är en huvudpunkt i vad vi säger: Vi har en sådan överstepräst som sitter på högra sidan om Majestätets tron i himlen ..." Hebréerbrevet 8:2.

(g) Den levitiska prästordningen

Mose fick inte endast anvisningar för byggandet av uppenbarelsetältet (helgedomen), utan även när det gällde valet av prästerna och deras undervisning. Den levitiska prästordningen började med Aron som på Guds anvisning skulle bli präst. Aron var av Levi stam. Endast någon av Levi stam kunde i fortsättningen bli präst.

Översteprästen innehade den främsta platsen bland Israeliterna. Endast han fick gå in i det allraheligaste på den stora försoningsdagen. (7)

(h) Melkisedek

Melkisedek var en mycket hemlighetsfull person. Den nämns endast få gånger i Bibeln. Jesus kallas överstepräst, en sådan som Melkisedek. (8) Det har uppstått många frågor kring Melkisedek. Enligt Bibeln var han präst åt "Gud, den Högste" (Hebréerbrevet 7:1) i ett land där folket tillbad olika avgudar. (9) Om Melkisedek står det skrivet:

"Han står där utan far, utan mor och utan släktregister. Hans dagar har ingen början och hans liv har inget slut: han är lik Guds Son och förblir präst för evigt." Hebréerbrevet 7:3.

41

När Melkisedek levde fanns det judiska folket ännu inte. Han levde på Abrahams tid. Abraham var inte jude. Det levitiska prästsystemet fanns ännu inte. Det fanns heller inte någon helgedom med två avdelningar. Men Melkisedek var präst åt Gud, den Högste. Melkisedek jämförs med Guds Son som är överstepräst för evigt och vars liv inte har något slut. Melkisedek var "fridens konung" och "rättfärdighetens konung".

"Melkisedek betyder för det första 'rättfärdighetens konung', vidare 'Salems konung', det vill säga 'fridens konung'." Hebréerbrevet 7:2.

Bibeln berättar inte något om Melkisedeks ursprung, han har ingen början och inget slut. På samma sätt har Jesus sitt ursprung från Evighet och hans liv har inget slut.

"Jesus Kristus är densamme i går och i dag och i evighet." Hebréerbrevet 13:8.

Jesus är överstepräst för evigt, en sådan som Melkisedek. Hans prästadöme är utan slut. Genom att han har givit sig själv för mänskligheten, har Jesus blivit din och min, hela mänsklighetens överstepräst, och han inbjuder alla att med tillförsikt och i hans namn i tron komma inför nådens tron i det allraheligaste i den himmelska helgedomen.

Referenser

1. Andreasen, M. L. (1988), *Der Heiligtumsdienst*, s. 3, 17. Königsfeld: Edelsteinverlag.

2. Smith, Uriah, *Daniel och Uppenbarelsen*, s. 187.
   Uriah Smith var teolog, lärare och skribent som under femtio år arbetade för adventisterna.

3. https://biblehub.com/ojb/exodus/26.htm
   2. Moseboken 26:36.

4. https://biblehub.com/ojb/exodus/26.htm
   3. Moseboken 26:35.

5. https://biblehub.com/ojb/hebrews/6.htm
   Hebréerbrevet 6:19-20.

6. https://biblehub.com/ojb/hebrews/10.htm
   Hebréerbrevet 10:19-20. Den *Orthodox Jewish Bible* använder här ordet "Kodesh HaKodashim" för *det allraheligaste*, och "Parokhet" för *förlåten*. Ett bevis på att Jesus efter sin himmelsfärd har gått in i det allraheligaste i den himmelska helgedomen.

7. Andreasen, M. L. (1988), *Der Heiligtumsdienst*, s. 30, 40.

8. Hebréerbrevet 5:10. *"Och han blev av Gud kallad överstepräst, en sådan som Melkisedek.".*
   Hebréerbrevet 5:6. *"Du är präst för evigt, på samma sätt som Melkisedek."*
   Hebréerbrevet 7:1-3. *"Denne Melkisedek var konung i Salem och präst åt Gud, den Högste. ...Melkisedek betyder för det första 'rättfärdighetens konung', vidare 'Salems konung', det vill säga 'fridens konung'. Han står där utan far, utan mor och utan släktregister. Hans dagar har ingen början och hans liv har inget slut: han är lik Guds Son och förblir präst för evigt."*

9. www.alltombibeln.se/bibelfragan/melkised.htm

Så uppenbarades Guds kärlek
till oss: han sände sin enfödde Son
till världen för att vi skulle leva
genom honom.

1. Johannesbrevet 4:9

Kapitel 6

Helgedomen i Gamla testamentet i ett nötskal

På uppdrag av Gud skulle Mose bygga ett tält för gudstjänst, en helgedom. Den kallades sedan "Uppenbarelsetält". Den skulle bli Guds boning bland människorna. Där ville Gud möta människan. Vi kan läsa i 2. Moseboken vad Gud talade till Mose:

> "De skall göra en helgedom åt mig, så att jag kan bo mitt ibland dem." 2. Moseboken 25:8.

Gud ville vara sitt folk mycket nära. På deras vandring genom öknen visade han vägen, om dagen genom en molnstod och om natten genom en eldstod.

> "Herren gick framför dem, om dagen i en molnstod för att visa dem vägen och om natten i en eldstod för att ge dem ljus. På det sättet kunde de vandra både dag och natt. Molnstoden upphörde inte att gå framför folket på dagen och inte heller eldstoden på natten." 2. Moseboken 13:21-22.

> "Varje gång Mose kom in i tältet sänkte molnstoden sig och blev stående vid ingången till tältet, och Herren talade med Mose. ... Och Herren talade med Mose ansikte mot ansikte, som när en man talar med en annan." 2. Moseboken 33:9-11.

> "Så ofta molnskyn höjde sig från tabernaklet (uppenbarelsetältet; förf. anm.) bröt Israels barn upp. Så gjorde de under hela sin vandring. Men så länge molnskyn inte höjde sig bröt de inte

upp, förrän den dag då den höjde sig igen. Ty Herrens molnsky vilade över tabernaklet om dagen, och eld var i den om natten. Så var det inför ögonen på hela Israels folk under hela deras vandring." 2. Moseboken 40:36-38.

Mose skulle bygga helgedomen enligt mönsterbilder som visades honom. I den jordiska helgedomen (uppenbarelsetältet) inreddes ett främre rum, den första avdelningen, som kallades "det heliga". Detta rum avskildes från det andra rummet, den andra avdelningen, genom förlåten. Rummet bakom förlåten kallades det allraheligaste.

I det heliga (det främre eller första rummet) alldeles intill förlåten stod ett förgyllt rökelsealtare. Enligt Hebréerbrevet 9:4 hörde detta altare till det allraheligaste, till nådastolen, fastän det stod i det heliga, den första avdelningen. I den andra avdelningen, det allraheligaste, fanns förbundets ark med nådastolen.

I det heliga (helgedomens första avdelning) förrättade prästerna varje dag under året sin gudstjänst. I det allraheligaste (helgedomens andra avdelning) gick översteprästen en gång om året på den stora försoningsdagen. Endast översteprästen fick gå in i det allraheligaste. Denna försoningsdag innebar också en rening av helgedomen från de troendes under året bekända synder.

De båda avdelningarna (det heliga och det allraheligaste) var åtskilda genom en praktfull förlåt. Ingen förutom översteprästen fick gå genom denna förlåt. Översteprästen var medlare mellan Gud och människan.

När Jesus dog rämnade förlåten uppifrån ända ned och vägen till det allraheligaste med nådens tron hade öppnats. Nu behövdes inte längre prästernas symboliska tjänst, ty Jesus hade efter sin himmelsfärd intagit sin plats som människornas medlare på Guds högra sida. Enligt apostlarnas skrifter är Jesus sedan dess vår medlare.

Kapitel 7

Den himmelska helgedomen

Vi människor har svårt att föreställa oss att det skulle finnas en helgedom i himlen. Vi är så vana och bundna vid det jordiska att det överstiger vår föreställningsförmåga att det kunde finnas en dimension till vilken vi i vårt förgängliga tillstånd inte har tillträde och om vilken vi hittills inte vet något. Bara några få människor (till exempel profeterna, även aposteln Paulus, och Stefanus) har förunnats att skåda in i dessa sfärer. Att det finns en osynlig värld kan vi ana sedan vi har fått kunskap om kvant- och nanofysiken, där våra vanliga fysikaliska lagar inte längre gäller. Man vet att energi kan visa sig som materia och tvärtom, beroende på den aktuella situationen, och att materia egentligen består av "ingenting". Ett litet prov på detta kan vi se när Jesus efter sin uppståndelse visade sig för sina lärjungar som var samlade i ett rum. Dörren var stängd och ändå stod Jesus plötsligt hos dem.

Enligt Bibeln finns det en helgedom i himlen, en plats där Guds tron befinner sig. Dit gick Jesus efter sin himmelsfärd. Även det har vi människor svårt att föreställa oss. Lärjungarna såg hur Jesus lyftes upp och hur ett moln tog honom ur deras åsyn. Apostlagärningarna 1:9. Och brevet till Hebréerna talar om vart Jesus gick efter sin himmelsfärd:

"Ty Kristus gick inte in i en helgedom som är gjord med händer och som bara är en bild av den verkliga helgedomen. Han gick in i själva himlen för att nu träda fram inför Guds ansikte för vår skull." Hebréerbrevet 9:24.

"Men nu har Kristus kommit som överstepräst för det goda som vi äger. Genom det större och fullkomligare tabernakel som inte är gjort med händer, det vill säga som inte tillhör den här skapelsen, gick han en gång för alla in i det allraheligaste ... och vann en evig återlösning." Hebréerbrevet 9:11-12.

Det finns således en helgedom som inte tillhör denna skapelse, och som är större och fullkomligare än den jordiska helgedomen har varit. Det var inte förrän på Moses tid som det byggdes en helgedom med två avdelningar, det heliga och det allraheligaste. Mose skulle bygga den efter den mönsterbild som visades för honom. Enligt adventistisk teologi har den jordiska helgedomen varit en kopia av helgedomen i himlen, en helgedom med två avdelningar, det heliga och det allraheligaste. Genom den jordiska helgedomen med dess gudstjänst- och offerceremonier skulle Israeliterna få undervisning om den väg på vilken de kunde få förlåtelse och försoning med Gud. Men låt oss läsa, hur den himmelska helgedomen, Guds boning, beskrivs och om den jordiska helgedomen verkligen kunde vara den himmelska i miniatyr:

"Genast kom jag i Anden, och se, en tron stod i himlen och någon satt på tronen. Och han som satt på den såg ut som en sten av jaspis och karneol, och en regnbåge som en smaragd omgav tronen. Runt omkring tronen stod tjugofyra troner, och på dessa troner satt tjugofyra äldste, klädda i vita kläder och med kronor av guld på huvudet. Och från tronen kom det ut blixtar, dån och åska, och framför tronen brann sju facklor, det är Guds sju andar. Framför tronen låg liksom ett hav av glas, klart som kristall ..." Uppenbarelseboken 4:2-6.

"Då kom en annan ängel som hade ett rökelsekar av guld, och ställde sig vid altaret. Åt honom gavs mycket rökelse, som han skulle lägga till alla de heligas böner på guldaltaret framför tronen." Uppenbarelseboken 8:3.

I dessa texter finns inte någon antydan om två avdelningar i den himmelska helgedomen, Guds boning. I himlens heliga rum finns inte något behov av symboliska ceremonier och offer (såsom det var ordnat i den jordiska helgedomen), ty det stora offer till vilket de symboliska offren i den jordiska helgedomen hänvisade, hade redan framburits. Jesus hade givit sitt liv för världen.

Jesu död innebar slutet på den levitiska prästordningen. Som synligt tecken på detta rämnade förlåten i den jordiska helgedomen uppifrån och ända ned. Den skilde det heliga från det allraheligaste. Nu hade de två avdelningarna i helgedomen blivit **ett**. Det behövdes inte längre två avdelningar.

"Och se, då brast förlåten i templet i två delar, uppifrån och ända ner, jorden skakade och klipporna rämnade ..." Matteusevangeliet 27:51.

Enligt Hebréerbrevet 10:19-20 är Jesus själv med sitt kött denna förlåt. Han är den nya och levande vägen:

"Bröder, i kraft av Jesu blod **kan vi nu frimodigt gå in i det allraheligaste på den nya och levande väg som han har öppnat för oss genom förlåten, det vill säga sitt kött.**" (Fetstil av förf.) Hebréerbrevet 10:19-20.

Enligt texten i Hebréerbrevet 9:24 är helgedomen i himlen själva himlen:

"Ty Kristus gick inte in i en helgedom som är gjord med händer och som bara är en bild av den verkliga helgedomen. **Han gick in i själva himlen** för att nu träda fram inför Guds ansikte för vår skull." Hebréerbrevet 9:24. (Fetstil av förf.) (Den *Orthodox Jewish Bible* använder begreppet "Kodesh HaKodashim" för "helgedom". Kodesh HaKodashim är det allraheligaste.)

Enligt brevet till Hebréerna är Jesus en överstepräst, en sådan som Melkisedek. Hebréerbrevet 7:17; Psalm 110:4. På Melkisedeks tid fanns inte någon helgedom med två avdelningar. Melkisedek levde på Abrahams tid. Bibeln berättar inte något om det fanns någon helgedom på Abrahams tid som hade två avdelningar. Den levitiska präst- och gudstjänstordningen instiftades inte förrän på Moses tid. Den ordningen gällde tills Jesus dog. Han var det stora offer för vilket de symboliska offren under den levitiska perioden var en symbol. Jesus var inte av Levi stam, den stam från vilken prästerna kom under den levitiska prästordningen. Jesus kom från Juda stam, en stam från vilken under den levitiska hushållningen aldrig någon fick bli präst. Och han blev av Gud kallad överstepräst, en sådan som Melkisedek.

Om det inte fanns någon helgedom med två avdelningar på Melkisedeks tid, varför skulle det då finnas två avdelningar i helgedomen i himlen, där Jesus nu är som vår överstepräst, en sådan som Melkisedek? De två avdelningarna i den jordiska helgedomen fanns endast under den levitiska prästordningen. När Jesus dog upphörde den första avdelningen (det främre rummet, det heliga) att existera, förlåten rämnade uppifrån ända ned. Nu fanns det bara ett enda heligt utrymme som fylldes av det allraheligaste. Efter sin himmelsfärd har Jesus som överstepräst gått in i själva himlen. Hebréerbrevet 9:24.

Många läsare kanske undrar varför det är så noga med de båda begreppen "det heliga" och "det allraheligaste". Att förlåten i templet rämnade vid Jesu död, var ett tecken på att det härefter inte längre behövdes några symboliska gudstjänster i den jordiska helgedomen. De symboliska ceremonierna i den levitiska gudstjänsten hade en gång för alla nått sitt slut (även om man fortsatte med sina ritualer, så hade de i och med Jesu död blivit verkningslösa, ty de hade bara varit en symbol på det verkliga offer som nu hade dött: Messias, Guds Lamm).

Vi kommer nu till frågan varför det är så viktigt med de båda begreppen "det heliga" och "det allraheligaste". Den nya adventistiska läran om "den undersökande domen" förutsätter att det i den himmelska helgedomen finns två avdelningar på samma sätt som de två avdelningarna i den jordiska helgedomen. Och enligt adventistisk lära har Jesus efter sin himmelsfärd gått in i det heliga (den första avdelningen) i den himmelska helgedomen och tjänstgjort där framtill år 1844. Inte förrän den 22 oktober 1844 sägs Jesus sedan ha öppnat dörren till det allraheligaste och gått in där. Enligt adventistisk teologi sägs den undersökande domen ha börjat på den dagen, vilket enligt samma lära anses vara detsamma som helgedomens rening. Vi drar oss till minnes att vi läste i Daniel 8:14 att helgedomen skulle renas efter 2300 aftnar och morgnar. Vi har redan läst om det i kapitel fyra i denna bok. Eftersom läran om den undersökande domen är i strid med vad apostlarna har meddelat oss (mer om detta längre fram i denna bok), och eftersom upprinnelsen till läran om den undersökande domen finns hos Hiram Edson (inte i Bibeln), är det viktigt att detta lyfts fram så att människor har möjlighet att se denna lära i dess sanna ljus. E. G. White har sedan stadfäst denna lära, och därför anses det i litteraturen oftast vara hon som har infört den.

Låt oss påminnas om att det endast var under den levitiska hushållningen som det har funnits en helgedom med det heliga och det allraheligaste (de två avdelningarna i helgedomen). När den levitiska hushållningen hade nått sitt slut vid Jesu död och det härefter inte längre fanns två avdelningar (den första hade upphört genom att förlåten rämnade), upptogs helgedomens heliga rum endast av det allraheligaste. Vägen till nådastolen var nu öppen. I adventistisk teologi sägs den himmelska helgedomen ha två avdelningar och Jesus sägs efter sin himmelsfärd ha gått in i en "första" avdelning, det heliga, och den 22 oktober 1844 sägs han ha öppnat dörren till den "andra" avdelningen, det allraheligaste, där han sägs ha börjat med den undersökande domen. Enligt denna teologi sägs Jesus ha tjänstgjort i ungefär 1800 år i en "första" avdelning i den himmelska helgedomen. Men det finns detaljer som inte passar ihop med denna lära:

1. Jesus är en överstepräst, en sådan som Melkisedek.

2. På Meliksedeks tid fanns varken en helgedom med två avdelningar, eller en levitisk prästtjänst.

3. Efter sin himmelsfärd har Jesus enligt Bibelns vittnesbörd satt sig på Guds högra sida på Guds tron. Om nu Jesus enligt adventistisk teologi sägs ha gått in i en "första" avdelning i den himmelska helgedomen, måste Gud med sin tron ha befunnit sig där, i en första avdelning. Med andra ord: Gud med sin tron måste ha flyttat från den allraheligaste platsen i himlen (där han alltid har varit) till en "första" avdelning (om det nu fanns en sådan).

4. Guds tron finns och har alltid funnits på den allraheligaste platsen i himlen. På samma sätt har förbundets ark under den levitiska tiden alltid funnits i helgedomens andra avdelning (det allraheligaste).

5. Enligt den svenska Folkbibeln gick Jesus efter sin himmelsfärd "inte in i en helgedom (Kodesh HaKodashim) som är gjord med händer och som bara är en bild av den verkliga helgedomen (Kodesh HaKodashim). Han gick in i själva himlen" (Hebréerbrevet 9:24). Den *Orthodox Jewish Bible* använder här uttrycket "Kodesh HaKodashim" **(1)** vilket be-

tyder det allraheligaste. Det faktum att "Kodesh HaKodashim" är det allraheligaste och att ovan nämnda text i Hebréerbrevet 9:24 talar om en "helgedom" i vilken Jesus efter sin himmelsfärd har gått in, vittnar om att helgedomen i himlen är det allraheligaste.

Bibeln vet inte något om en lära enligt vilken Jesus efter sin himmelsfärd först skall ha gått in i en första avdelning i helgedomen i himlen för att där tjäna fram till den 22 oktober 1844, och sedan gå in i en andra avdelning och enligt adventistisk teologi börja *en ny tjänst*, helgedomens rening och den undersökande domen. Som överstepräst gick han genast in i det allraheligaste till Guds tron och satte sig på Guds högra sida på tronen. Den tjänst som Jesus utför i den himmelska helgedomen är hans tjänst som vår överstepräst, medlare och förespråkare. Detta är **den enda sortens tjänst** som han enligt Bibeln skulle utföra efter sin himmelsfärd. En första avdelning i den himmelska helgedomen skulle vara helt överflödig, ty prästens tjänst där skulle vara meningslös eftersom översteprästen Jesus efter sin himmelsfärd redan hade *"utfört en rening från synderna"* och sedan dess sitter *"på Majestätets tron i höjden"*. Hebréerbrevet 1:3. Det behövs ingen tjänst mer i en första avdelning.

Den himmelska helgedomen är enligt Hebréerbrevet 9:11 "större och fullkomligare" än den jordiska. Människors ord räcker inte till för att beskriva den himmelska helgedomen som är "större och fullkomligare" än den jordiska. Den jordiska helgedomen utgjordes sedan Jesu död av endast en enda avdelning i vilken det allraheligaste med nådastolen men även det gyllene rökelsealtaret och den sjuarmade ljusstaken fanns. Förlåten hade rämnat när Jesus dog. Kanske reparerades den av Israeliterna eller de tillverkade en ny förlåt. Men att förlåten hade rämnat var tecknet från himlen att den första avdelningen (det heliga) härefter hade varit överflödig. Den symboliska tjänsten i det heliga var inte längre aktuell. Det förefaller absurt att Jesus som överstepräst enligt Melkisedek skulle förrätta en tjänst i himlen som i den levitiska gudstjänstordningen endast utfördes i den första avdelningen i den jordiska helgedomen. Men det är vad adventismen (och E. G. White) antar och framställer som biblisk sanning. Enligt adventismen sägs Jesus från och med sin himmelsfärd fram till den 22 oktober 1844 ha förrättat sin tjänst i "den första avdelningen" i den himmelska helgedomen. På Melkisedeks tid fanns inte någon helgedom med två avdelningar. Det var det levitiska prästsystemet som kännetecknades av gudstjänstceremonier i de två avdelningarna i den jordiska helgedomen. Men Jesus är en överstepräst, en sådan som Melkisedek, och med honom finns ingenting kvar av det levitiska prästsystemet.

När aposteln Johannes, den älskade lärjungen, berättar sin syn i Uppenbarelseboken 4:1-6, nämner han varken en första eller en andra avdelning. Han såg in i själva himlen och såg Guds tronsal, det allraheligaste. I Hebréerbrevet 9:24 läste vi att Jesus *gick in i själva himlen* för att nu träda fram inför Guds ansikte för vår skull. Låt oss läsa vad Johannes berättar:

> "Därefter såg jag, och se, en dörr stod öppen i himlen, och den röst jag först hade hört tala till mig, som en basun, sade: 'Kom hit upp, så skall jag visa dig vad som måste ske härefter.' Genast kom jag i Anden, och se, **en tron stod i himlen och någon satt på tronen.** Och han som satt på den såg ut som en sten av jaspis och karneol, och en regnbåge som av smaragd omgav tronen ... Framför tronen brann **sju facklor** ... Framför tronen låg liksom ett hav av glas, klart som kristall ..." (Fetstil av förf.) Uppenbarelseboken 4:1-6.

Johannes berättar på ett annat ställe:

"Då kom en annan ängel, som hade ett rökelsekar av guld, och ställde sig vid altaret. Åt honom gavs mycket rökelse, som han skulle lägga till alla de heligas böner på **guldaltaret framför tronen**." (Fetstil av förf.) Uppenbarelseboken 8:3.

Enligt vad vi får veta av Johannes' ord finns en tron i himlen, och framför tronen brann sju facklor, och ett gyllene altare stod framför tronen. Vid altaret tjänade en ängel.

Johannes såg föremål i himlen som i den jordiska helgedomen under den levitiska hushållningen fanns i helgedomens första avdelning (i det heliga), och av den anledningen gör E. G. White (och adventismen) gällande att Johannes såg in i den första avdelningen i den himmelska helgedomen. Denna uppfattning tar inte i beaktande att

- det inte finns något kvar av den levitiska hushållningen;
- Jesus är en överstepräst enligt Melkisedek; på Melkisedeks tid fanns ingen helgedom med en *första* och *andra* avdelning;
- Jesus utövar nu en översteprästs tjänst i det allraheligaste på Guds högra sida;
- rökelsealtaret hörde enligt Hebréerbrevet 9:4 till det allraheligaste; i den himmelska helgedomen har altaret nu sin rätta plats, nämligen framför Guds tron i det allraheligaste;
- det finns ingen fysisk förlåt i himmelens helgedom; enligt Hebréerbrevet 10:20 är Jesus själv med sitt kött denna förlåt; i den större och fullkomligare helgedomen i himlen är dessa heliga föremål (det gyllene altaret och de sju facklorna, för vilka den sjuarmade ljusstaken var en symbol) inte längre skilda från Guds tron genom en förlåt. Genom Jesus, den nya och levande vägen till Guds tron, kan nu alla komma fram direkt till Gud;
- det var en präst som i den jordiska helgedomen tjänade vid rökelsealtaret.; men i sin syn såg Johannes en ängel som tjänade där (inte Jesus);

- det finns inte någon uppgift i Bibeln att Gud med sin tron skulle flytta från den allraheligaste platsen till en "första" avdelning, den avdelning där Jesus enligt adventistisk teologi skulle ha tjänat från och med sin himmelsfärd fram till den 22 oktober 1844; och att Gud sedan skulle flytta tillbaka till det allraheligaste.

Även profeten Hesekiel (i Gamla testamentet) hade en syn där han såg in i himlen. Han såg Guds tron och fyra väsen, men han såg inte två avdelningar. Hesekiels hänförande beskrivning av Guds tronsal finns i Hesekiel kapitel ett. I vers 26 står:

"Ovanför valvet över deras huvuden syntes något som liknade en tron gjord av safirsten. På det som liknade en tron satt en gestalt som såg ut som en människa."

När Stefanus stenades såg han himlen öppen. Inte heller han såg två avdelningar:

"När de hörde detta blev de ursinniga och skar tänder mot Stefanus. Men uppfylld av den helige Ande såg han upp mot himlen och fick se Guds härlighet och Jesus som stod på Guds högra sida. Och han sade: 'Jag ser himlen öppen och Människosonen stå på Guds högra sida.'" Apostlagärningarna 7:54-56.

Stefanus såg Jesus på Guds högra sida och bekräftar på detta sätt apostlarnas ord. Här finns även ett bevis på att Jesus inte alls fanns i en "första" avdelning som kallades det heliga, utan att Jesus redan på apostlarnas tid fanns på Guds högra sida i det allraheligaste.

Inte heller Paulus såg två avdelningar när han var i hänryckning. Han skriver i 2. Korintierbrevet 12:2-4:

"Jag vet om en man i Kristus som för fjorton år sedan blev uppryckt ända till tredje himlen – om han var i kroppen eller utanför kroppen vet jag inte, Gud vet det. – Jag vet att den mannen – om han var i kroppen eller utanför kroppen vet jag inte, Gud vet det – att han blev uppryckt till paradiset och hörde ord som ingen människa kan uttala eller får uttala."

Att det skulle finnas två avdelningar i helgedomen i himlen och att Jesus efter sin himmelsfärd fram till den 22 oktober 1844 skulle ha förrättat sin tjänst i en "första" avdelning (som kallades det heliga), har inte något stöd i apostlarnas skrifter. Denna (adventismens) vilseledande teori, att Jesus efter sin himmelsfärd sägs ha börjat en tjänst som liknar den tjänst som de jordiska prästerna utförde i den första avdelningen i den jordiska helgedomen, kommer till uttryck i följande citat av Uriah Smith. Han skriver **(2)**:

"Med andra ord, de jordiska prästernas arbete var en skugga, ett exempel, en riktig framställning av Kristi prästerliga tjänst där ovan ... Kristus förrättar därför även sin prästerliga tjänst i båda avdelningar, annars vore det inte riktigt representerat av det jordiska. Och vår Herre förrättar sin tjänst i båda, ty annars vore icke prästernas tjänst på jorden en skugga av hans verk. Men Paulus påstår bestämt, att han tjänstgör i båda avdelningarna; ty han säger, att han har gått in i helgedomen genom sitt eget blod. Hebréer 9:12. Kristus utför därför i sin tjänst i det himmelska templet ett verk, som motsvarar det, som utfördes av prästerna i båda avdelningarna av den jordiska byggnaden."
Så långt Uriah Smith. Men:

1. Uriah Smiths ord *"Men Paulus påstår bestämt, att han* (Jesus, förf. anm.) *tjänstgör i båda avdelningarna; ty han säger att han har gått in i helgedomen genom sitt eget blod. Hebréer 9:12"* kan inte bekräftas med Bibeln.

Låt oss läsa vad Hebréerbrevet 9:12 säger: *"… gick han en gång för alla in i det allraheligaste … med sitt eget blod."* Den *Orthodox Jewish Bible* använder här begreppet "Kodesh HaKodashim" som syftar till "det allraheligaste". **(3)**

2. Att de jordiska prästernas arbete var en skugga, ett exempel, en riktig framställning av Kristi tjänst där ovan, är endast ett antagande som inte har någon grund i Bibeln. Den enda tjänst som kan anses vara en skugga av Kristi tjänst i den himmelska helgedomen, är översteprästens tjänst när han en gång om året gick in i det allraheligaste på Israeliternas stora årliga försoningsdag.

3. Uriah Smiths ord *"Och vår Herre förrättar sin tjänst i båda, ty annars vore icke prästernas tjänst på jorden en skugga av hans verk"* är vilseledande. Att vår Herre förrättar sin tjänst i båda är ett **antagande** som stöder sig på Uriah Smiths förvrängda tolkning av Hebréerbrevet 8:1-6.

4. Bibelns ord i Hebréerbrevet 8:1-6 är tydliga:
"Detta är en huvudpunkt i vad vi säger: Vi har en sådan överstepräst som sitter på högra sidan om Majestätets tron i himlen och som tjänar i helgedomen, det sanna tabernaklet som Herren själv har rest och inte någon människa. En överstepräst blir insatt för att bära fram gåvor och offer, och därför måste Kristus också ha något att bära fram. Om han nu levde på jorden vore han inte ens präst, eftersom det redan finns andra som bär fram de gåvor som lagen föreskriver. De tjänar **i den helgedom som är en skuggbild av den himmelska helgedomen** *… Men nu har Kristus ett högre prästämbete, liksom det förbund han är medlare för är bättre, eftersom det är stadfäst med bättre löften."* (Fetstil av förf.)

I dessa bibelord står (Hebréerbrevet 8:5) att det är helgedomen som var en skuggbild av den himmelska (och **inte** som Uriah Smith och adventismen säger att det var prästernas tjänst som var en skugga, ett exempel, en riktig framställning av Kristi tjänst där ovan).

5. Hebréerbrevet 8:1 säger att Jesus som överstepräst sitter på högra sidan om Majestätets tron i himlen. Jesus har aldrig haft ett liknande ämbete som prästerna i den första avdelningen i den jordiska helgedomen hade. I Hebréerbrevet 8:1-6 jämförs Jesus med översteprästen, *inte med prästerna*. Det står även i texten att Jesus har ett högre prästämbete.

Låt oss fundera lite mer över det adventistiska påståendet att Jesus förrättar sin prästerliga tjänst i båda avdelningarna i den himmelska helgedomen. Jesus har aldrig varit någon vanlig präst, utan han kallades av Gud **överstepräst**.

Om de jordiska prästernas ämbete enligt adventistisk lära har varit en skugga och ett exempel av Kristi prästerliga tjänst i den himmelska helgedomen och **om** Kristus enligt denna lära från och med sin himmelsfärd fram till år 1844 har förrättat sin tjänst i en första avdelning i den himmelska helgedomen – har Kristi ämbete i detta fall liknat de jordiska prästernas ämbete i den jordiska helgedomen?

Prästernas ämbete i den första avdelningen bestod bland annat i att varje dag tjänstgöra vid rökelsealtaret. På detta altare lade prästen i sin dagliga tjänst glödande kol från brännoffersaltaret tillsammans med rökelse. När prästen lade rökelsen på kolen, steg rök upp. Eftersom förlåten mellan det heliga och det allraheligaste inte nådde ända upp till taket, fylldes båda avdelningar, det heliga och det allraheligaste, med rök. **(4)** De ceremoniella offren pekade fram mot Guds Lamm som en gång i framtiden skulle ta bort världens synd. Det uppstår en fråga: Har Jesus varje dag från och med sin himmelsfärd fram till år 1844 tjänstgjort vid det gyllene altaret i himlens helgedom? Bibeln säger inte något om detta. När Johannes i sin syn såg guldaltaret framför Guds tron, såg han **inte** Jesus ståendes vid altaret. Om Uriah Smiths ord hade varit sanna, enligt vilka de jordiska prästernas ämbete skulle ha varit en "skugga, ett exempel och en riktig framställning av Kristi prästerliga tjänst i den himmelska helgedomen" borde Johannes ha sett Jesus vid guldaltaret i himlen. Men Johannes såg i stället en ängel som ställde sig vid guldaltaret. Uppenbarelseboken 8:3-4. Åt honom gavs mycket rökelse, som han skulle lägga till alla de heligas böner på guldaltaret framför tronen.

Låt oss fortsätta att fundera över det adventistiska påståendet att de jordiska prästernas ämbete sägs ha varit en skugga, ett exempel, en riktig framställning av Kristi prästerliga tjänst där ovan. De ceremoniella offren som frambars genom prästernas tjänst, pekade fram mot det stora offer som en gång i framtiden skulle bäras fram av Guds Lamm. **Om** *"prästernas ämbete var en skugga, ett exempel, en riktig framställning av Kristi prästerliga tjänst där ovan"* **(2)**, var finns i så fall det stora offer, mot vilket Jesu tjänst i en första avdelning i himlens helgedom skulle kunna peka fram? Det finns dessvärre inget offer som Kristi ämbete i en första avdelning i himlen skulle ha kunnat peka fram mot. Jesus var själv det stora offret, Guds Lamm.

Prästerna i den jordiska helgedomen har i sin dagliga tjänstgöring i det främre rummet (den första avdelningen) inte heller utfört en rening från synderna som översteprästen Jesus har utfört efter sin himmelsfärd. Hebréerbrevet 1:3. Därför kunde inte heller prästernas ämbete i den första avdelningen i den jordiska helgedomen ha varit *"en skugga, ett exempel, en riktig framställning av Kristi prästerliga tjänst där ovan"*. Uriah Smiths ord är i strid med vad brevet till Hebréerna har meddelat oss. Efter sin himmelsfärd gick Jesus

"en gång för alla in i det allraheligaste" (Hebréerbrevet 9:12).

"Och sedan han utfört en rening från synderna, sitter han nu på Majestätets högra sida i höjden" (Hebréerbrevet 1:3).

"Han gick in i själva himlen för att nu träda fram inför Guds ansikte för vår skull" (Hebréerbrevet 9:24).

"Bröder, i kraft av Jesu blod kan vi nu frimodigt gå in i det allraheligaste på den nya och levande väg som han har öppnat för oss genom förlåten, det vill säga sitt kött" (Hebréerbrevet 10:19-20).

En gång för alla gick Kristus enligt Hebréerbrevet 9:12 in i det allraheligaste i den himmelska helgedomen. Ordet "gick" i denna vers är imperfekt (gången tid), det betyder att det har varit ett faktum när brevet till Hebréerna skrevs. Redan då har Jesus som vår överstepräst intagit sin plats på Guds högra sida, och han är sedan dess vår medlare vid Guds tron. Det är en myt att han från och med sin himmelsfärd fram till den 22 oktober 1844 skulle ha tjänstgjort i en första avdelning i helgedomen i himlen. Att Jesus faktiskt redan på apostlarnas tid har varit vår medlare vid Guds tron, intygas av aposteln Paulus när han skriver:

"Kristus Jesus är den som har dött, ja, än mer, den som har blivit uppväckt och som sitter på Guds högra sida och **ber för oss**." (Fetstil av förf.) Romarbrevet 8:34.

Redan på apostlarnas tid befann sig Jesus på Guds högra sida som vår medlare och överstepräst. Även Markus evangelium bekräftar att Jesus efter sin uppståndelse har farit upp till himlen och satt sig på Guds högra sida:

"Sedan Herren Jesus hade talat till dem, blev han upptagen till himlen och satte sig på Guds högra sida." Markusevangeliet 16:19.

"Satte" är imperfekt (gången tid), vilket betyder att Jesus hade gjort detta redan när Markus skrev dessa ord. Vi människor som är under förgängligheten kan inte göra oss någon bild av de heliga utrymmena i den himmelska världen. Helgedomens härlighet i himlen är ofattbar. Bibelns beskrivning av den låter oss bara ana något som aldrig har kommit i en människas hjärta. Men av apostlarnas brev och skrifter kan vi förstå att Jesus efter sin himmelsfärd har gått direkt till Gud i det allraheligaste. Där är han nu och ber för oss (Romarbrevet 8:34). Ingen tjänstgöring i en första avdelning behövs i himlen, en sådan vore helt meningslös, ty översteprästen Jesus sitter redan på Guds högra sida på Guds tron såsom vår medlare.

Referenser

1. www.https://biblehub.com/ojb/hebrews/9.htm
    Hebréerbrevet 9:24. "Ty Kristus gick inte in i en helgedom (Kodesh HaKodashim) som är gjord med händer och som bara är en bild av den verkliga helgedomen ..." (*Orthodox Jewish Bible*: the true Kodesh HaKodashim ...)

2. Smith, Uriah (1897), *Daniels Profetia och Uppenbarelseboken*, s. 194.

3. www.https://biblehub.com/ojb/hebrews/9.htm
    Hebréerbrevet 9:12. "... gick han en gång för alla in i det allraheligaste ..." (*Orthodox Jewish Bible*: Kodesh HaKodashim...)

4. Andreasen, M. L. (1988), *Der Heiligtumsdienst*, s. 18, 19. Edelsteinverlag, 7744 Königsfeld.

Kapitel 8

De 2300 aftnarna och morgnarna i Daniel 8:14 och årtalet 457 f. Kr.

Tidigare i denna bok har vi läst om William Miller, en baptist-predikant i Amerika. Han intresserade sig mycket för profetian om de 2300 aftnarna och morgnarna i Daniels bok i Gamla testamentet. Det var speciellt en text som fångade hans intresse. Vi kan läsa den:

> "Sedan hörde jag en av de heliga tala, och en annan helig frågade den som talade: 'Hur lång tid avser synen rörande det dagliga offret och det förödande avfallet som gör att både helgedom och härskara förtrampas?' **Då svarade han mig: 'Tvåtusentrehundra kvällar och morgnar, sedan skall helgedomen renas och återställas.'"** (Fetstil av förf.) Daniel 8:13-14.

William Miller trodde att helgedomen som nämns i den här texten, var jorden och att Jesus vid slutet av de 2300 aftnarna och morgnarna skulle komma tillbaka till jorden för att rena den. I kapitel tre i denna bok betraktade vi det ödesdigra antagandet som gjordes med hänsyn till profetian om de 2300 aftnarna och morgnarna i Daniel 8:14 och profetian om de sjuttio veckorna i Daniel 9:24. Det antogs att de båda tidsperioderna skulle höra ihop och att de därför skulle ha samma startpunkt. Startpunkten för de sjuttio veckorna kunde man komma fram till, ty det fanns en historisk händelse som i Bibeln utpekades som startpunkt för denna tidsperiod. I samband med denna bok är detta av underordnad betydelse.

Viktigt är att Bibeln inte nämner någon startpunkt för de 2300 aftnarna och morgnarna. Men en startpunkt behövdes för att man skulle kunna räkna ut när de 2300 aftnarna och morgnarna skulle sluta. Miller ville veta när den tidsperioden skulle sluta, ty då skulle helgedomen renas, och enligt vad Miller trodde, skulle Jesus komma tillbaka till jorden för att rena den. För att få en startpunkt för de 2300 aftnarna och morgnarna gjordes det ödesdigra antagandet att de båda tidsperioderna sades höra ihop (de 2300 aftnarna och morgnarna i Daniel 8:14 och de sjuttio veckorna i Daniel 9:24). Detta antagande följdes av ytterligare antaganden:

- Man antog att de 2300 aftnarna och morgnarna var "dagar". I kapitel 3 i denna bok har redan lagts fram vittnesbörd från Bibeln att texten i Daniel 8:14 inte handlar om "dagar" utan om aftnar och morgnar som syftar till afton- och morgonoffer (erev-boker) **(1)**.

- Man antog att de 2300 "dagar" skulle vara 2300 profetiska dagar, som skulle innebära 2300 verkliga år. (Inget i Daniel kapitel 8 tyder på att denna tidsperiod skulle vara 2300 år.)

- Man antog att de sjuttio veckorna skulle vara "avskurna" från de 2300 aftnarna och morgnarna. (Det finns ingen hänvisning i Bibeln att de sjuttio veckorna skulle vara "avskurna" från någon annan tidsperiod. Enligt den *Orthodox Jewish Bible* var de sjuttio veckorna "decreed", "bestämda", för Daniels folk.) **(2)**

- Man antog att de sjuttio veckorna skulle vara avskurna "från början" av de 2300 aftnarna och morgnarna. Nu kunde man komma fram till en startpunkt för de 2300 aftnarna och morgnarna.

- Man antog att helgedomen i Daniel 8:14 syftar på den himmelska helgedomen. Man tillfogade ordet "himmelska" framför ordet "helgedomen".

Med hjälp av de olika antagandena kunde nu en startpunkt bestämmas för de 2300 aftnarna och morgnarna. Det blev årtalet 457 f. Kr. (samma startpunkt som de sjuttio veckorna hade). Låt oss ha i minnet att det endast är antaganden som ligger till grund för detta årtal såsom startpunkt för de 2300 aftnarna och morgnarna. Men nu trodde man sig ha en startpunkt för denna tidsperiod och trodde att man nu kunde räkna ut när Jesus skulle komma tillbaka till jorden. Man räknade från år 457 f. Kr. 2300 år framåt i historien och kom då till årtalet 1843 e. Kr. Som tidigare redan nämndes i denna bok, kom inte Jesus på den framräknade tiden. Tiden ändrades sedan till den 22 oktober 1844. Men inte heller då kom Jesus. De väntande troende upplevde en mycket stor besvikelse. Som vi tidigare redan har läst i denna bok, lade en av de troende (Hiram Edson) fram teorin, att Jesus, i stället för att komma till jorden, skulle ha lämnat den första avdelningen (det heliga) i den himmelska helgedomen och öppnat dörren till den andra avdelningen (det allraheligaste) och gått in där. Där sägs Jesus enligt Edsons teori ha börjat med helgedomens rening vilket sägs vara detsamma som den "Undersökande domen".

Teorin att den himmelska helgedomen skulle ha två avdelningar och att Jesus efter sin himmelsfärd sägs ha gått in i den första, det heliga, är orubbligt förenad med adventistisk teologi. Denna teori innesluter även en annan teori, nämligen att Gud Fader den 22 oktober 1844 i en eldvagn sägs ha farit från det heliga in i det allraheligaste. **(3)** Detta i sin tur förutsätter att Gud någon gång i gången tid måste ha flyttat med sin tron från det allraheligaste till en första avdelning i himlen för att nu kunna flytta tillbaka till det allraheligaste. Bibeln nämner inte något om sådana flyttningar. I motsats till den adventistiska teorin har Jesus enligt flera vittnesbörd från Bibeln redan efter sin himmelsfärd gått in i det allraheligaste i den himmelska helgedomen där han har intagit sin plats på Guds högra sida på Guds tron. **(4)**

Vi skall nu se lite närmare på profetian om de 2300 aftnarna och morgnarna. I denna profetia är det tal om ett "litet horn" som under en tid av 2300 aftnar och morgnar skulle förtrampa och förorena helgedomen. Efter de 2300 aftnarna och morgnarna skulle helgedomen renas och återställas. För att bättre förstå sammanhanget läser vi denna profetia i Daniel 8:2-14, där Daniel skriver:

"När jag såg upp fick jag se en bagge med två horn stå framför floden. … Jag såg baggen stöta med hornen västerut, norrut och söderut, och inget djur kunde stå honom emot och ingen kunde rädda något ur hans våld. Han for fram som han ville och blev mäktig. När jag funderade på detta, se, då kom en bock västerifrån. Han hade ett väldigt horn i pannan och gick fram över hela jorden, dock utan att röra vid marken. Han närmade sig baggen med de båda hornen, den som jag hade sett stå framför floden, och han sprang emot honom i raseri … Det fanns ingen som kunde rädda baggen ur hans våld. Bocken blev mycket mäktig. Men när han var som starkast brast det stora hornet sönder och fyra andra stora horn kom upp i dess ställe, riktade åt himlens fyra väderstreck. Från ett av dem sköt ett nytt litet horn ut, som växte till kraftigt mot söder och öster och mot det 'härliga landet'. Det växte ända upp till himlens härskara och kastade några av denna härskara och av stjärnorna ner till jorden och trampade på dem. Till och med mot härskarornas furste företog det sig stora ting och tog bort ifrån honom det dagliga offret, och platsen där hans helgedom stod förstördes. Tillsammans med det dagliga offret blev en härskara prisgiven för överträdelsens skull. Och hornet slog ner sanningen till jorden och hade framgång i vad det företog sig. **Sedan hörde jag en av de heliga tala, och en annan helig frågade den som talade: 'Hur lång tid avser synen rörande det dagliga offret och det förödande avfallet som gör att både helgedom och härskara förtrampas?' Då svarade han mig: 'Tvåtusentrehundra kvällar och morgnar, sedan skall helgedomen renas och återställas.'"** (Fetstil av förf.) Daniel 8:2-14.

Daniel hörde sedan en röst som av en människa som ropade:

"Gabriel, uttyd synen för honom!" Daniel 8:16.

Ängeln Gabriel förklarade sedan synen för Daniel. Enligt ängelns ord är det första djuret en symbol för Medien-Persien:

"Baggen som du såg, han med de två hornen, betyder Mediens och Persiens kungar." Daniel 8:20.

Det andra djuret är en sinnebild för Grekland:

"Men den raggiga bocken är Javans kung, och det stora hornet mellan hans ögon är den förste kungen." Daniel 8:21.

Om bocken står det i Daniel 8:8-12:

"Bocken blev mycket mäktig. Men när han var som starkast brast det stora hornet sönder och fyra andra stora horn kom upp i dess ställe, riktade åt himlens fyra väderstreck. **Från ett av dem sköt ett nytt litet horn ut,** som växte kraftigt ... Till och med mot härskarornas furste företog det sig stora ting **och tog bort ifrån honom det dagliga offret, ... "**

När Grekland under Alexander den Store blev som mäktigast, dog Alexander den store och riket delades bland Alexanders fyra generaler i fyra riken: Macedonien, Tracien, Egypten och Syrien. Från ett av dessa horn ser Daniel skjuta upp ett litet horn. Detta lilla horn är en sinnebild för en viss kung. Vi kan läsa ängelns ord:

"Men den raggiga bocken är Javans kung, och det stora hornet mellan hans ögon är den förste kungen. Men att det brast sönder och att fyra andra uppstod i stället, det betyder att fyra riken skall uppstå av hans folk, men hans kraft skall de inte ha. **Vid slutet av deras välde ... skall en fräck och illasinnad kung uppstå.** ... Han skall bli stor i kraft, men inte genom egen styrka. Han skall åstadkomma så stort fördärv att man måste förundra sig, och han skall lyckas i allt han gör. ..." (Fetstil av förf.) Daniel 8:21-25.

Detta lilla horn, den fräcke och illasinnade kungen, skulle uppstå vid slutet av "deras välde", väldet av de fyra delriken i vilka det grekiska riket efter Alexander den Store hade delats upp. Mackabéerböckerna (i Apokryferna) innehåller mycket information angående vilken makt som symboliserades genom det lilla hornet i Daniel kapitel 8. Vi kan läsa i 1. Mackabéerboken 1:7-10:

"Alexander hade vid sin död regerat i tolv år. Hans tjänare tog då väldet efter honom, var och en i sitt område. Och de antog alla efter hans död konungavärdighet, så och deras söner efter dem, i många år. Och de förövade mycket ont på jorden. Från dem utgick en syndfull telning, Antiokus Epifanes, konung Antiokus' son ... **Han blev konung i det grekiska konungadömets ett hundra trettiosjunde år.**"

Det finns även historiska vittnesbörd angående den makt som symboliserades av det lilla hornet i Daniel kapitel 8. Den judiske prästen och historieskrivaren Josephus skrev:

"Och att från dem skulle uppstå en viss kung som skulle betvinga vår nation, den skulle ta bort vår regering och skulle förstöra templet och förbjuda offertjänsten under tre år. ... Och det hände faktiskt att vårt land led allt detta under Antiokus Epifanes, enligt Daniels profetia." **(5)**

Här följer ytterligare ett vittnesbörd angående Antiokus Epifanes:

"Antiokus IV regerade 175-163 f. Kr. Han tog tillnamnet 'Epifanes' (theos), den 'synligblivne (guden)', för att därmed höja sig över det splittrade rikets många befolkningar och religioner. Bland judarna försökte han genomdriva en helleniseringspolitik med bl. a. förbud mot omskärelse och en Zeuskult i Jerusalem ..." **(6)**

Enligt adventistisk teologi är detta lilla horn en symbol för Rom i hela dess politiska och andliga historia. Denna tolkning kan betraktas som att inte vara sann, eftersom detta lilla horn var en viss kung och **inte** ett rike i hela dess politiska och andliga historia. Dessutom skulle denna makt ta bort det dagliga offret (förbjuda offertjänsten i helgedomen), något som Rom inte har gjort.

Vi skall nu gå tillbaka till de 2300 aftnarna och morgnarna och till det lilla hornet i Daniel kapitel 8 som under en tid av 2300 aftnar och morgnar skulle förtrampa och förorena helgedomen. Längre fram följer ett tidsschema där flera viktiga saker kommer fram:

(a) Det är endast antingen Antiokus IV Epifanes eller Rom i hela sin politiska och andliga historia som symboliserar det lilla hornet i Daniel kapitel 8.

(b) Enligt historien kan det inte ha varit Rom (se tidsschemat), dessutom skulle det enligt Gabriels förklaring vara en viss kung och inte ett rike i hela dess politiska och andliga historia. Vid tiden för det lilla hornets uppkomst har Rom som rike ännu inte haft närmare kontakt med judarna.

(c) Enligt historien kan det inte heller ha varit Antiokus IV Epifanes för vilken det lilla hornet i Daniel kapitel 8 var en symbol. Enligt adventistisk teologi skulle de 2300 aftnarna och morgnarna börja år 457 f. Kr., den tidpunkt som enligt samma teologi anses vara början av den tidsperiod under vilken helgedomen skulle förtrampas och förorenas av det lilla hornet i Daniel kapitel 8, en fräck och illasinnad kung. Men felet är bara att Antiokus IV Epifanes år 457 f. Kr. (den tidpunkt då helgedomens förorening genom det lilla hornet i Daniel kapitel 8 skulle börja) ännu inte hade kommit upp på världens scen (se tidsschemat).

(d) Årtalet 457 f. Kr. passar varken in i adventistisk teologi eller i historien (se tidsschemat). Det är ett förbluffande faktum. Läsaren kommer strax att se hur detta kunde hända.

Men låt oss nu först sätta oss in i det tidsschema som nämndes innan. Avståndet mellan de olika årtalen är inte proportionellt med tidsintervallet, det skall bara visa händelser som i historien följde på varandra:

551 f. Kr.	Daniel får synen om de 2300 aftnarna och morgnarna (Daniel 8:1) **(7)**
539 f. Kr.	Daniel får synen om de sjuttio veckorna (Daniel 9:1-2) **(8)**
457 f. Kr.	**Det år då enligt adventistisk teologi de 2300 aftnarna och morgnarna skulle börja, den tidsperiod under vilken helgedomen enligt Daniel 8:13-14 skulle bli förtrampad och förorenad genom det lilla hornet i Daniel kapitel 8**
301 f. Kr.	Det grekiska riket delades i fyra delriken **(9)**
200-100 f. Kr.	**Det lilla hornet i Daniel 8:9 kom upp.** Detta lilla horn förföljde judarna, förbjöd offertjänsten och vanhelgade helgedomen. Mackabéerböckerna i Apokryferna berättar utförligt om detta. **(10)** (Antiokus IV Epifanes 215-164 f. Kr., hans regeringstid 175-163 f. Kr.)
161 f. Kr.	Rom kom i fredlig kontakt med judarna **(9)**
146 f. Kr.	Grekland erövrades av Rom **(9)**
63 f. Kr.	Palestina blev en del av det Romerska riket **(9)**

Låt oss komma ihåg vad som lades fram tidigare i denna bok angående de 2300 aftnarna och morgnarna. Bibeln anger inte någon startpunkt för denna tidsperiod. Men med hjälp av flera antaganden har man fastställt när denna tidsperiod skulle börja. Vid närmare betraktelse har det däremot visat sig att denna tidpunkt (år 457 f. Kr.) befinner sig i konflikt dels med adventismens teologi (den adventistiska teologin är i konflikt med sig själv) och dels med historien samt att denna startpunkt inte har någon förankring i Bibeln.

Hela det adventistiska trossystemet bygger på årtalet 457 f. Kr. Vad som av E. G. White kallas ett "fullständigt, sammanhängande och följdriktigt sanningssystem" **(11)** och som "gyllene länkar, sammanlänkade till en fullkomlig helhet" **(12)** har visat sig vara osammanhängande delar i ett "sannings"system som är i konflikt med sig självt.

I följande punkter är adventistisk teologi i konflikt med sig själv och med historien:
(a) Den av adventistisk teologi bestämda startpunkten för de 2300 aftnarna och morgnarna är i konflikt med den händelse som enligt samma teologi skulle börja vid denna startpunkt (den tid då förtrampandet av helgedomen genom det lilla hornet i Daniel 8:9 skulle börja). Det lilla hornet kom inte upp förrän över 200 år senare i historien. Här visar sig en historisk omöjlighet.

(b) Den adventistiska läran att det lilla hornet i Daniel 8:9 skulle vara en symbol för Rom i hela sin politiska och andliga historia är i konflikt med den adventistiska läran när startpunkten för de 2300 aftnarna och morgnarna sägs vara år 457 f. Kr. Historiskt kom Rom ännu senare (än Antiokus IV Epifanes) i kontakt med judarna, och den kontakten var fredlig. Historiskt hade det varit omöjligt att förtrampandet av helgedomen genom Rom skulle ha börjat år 457 f. Kr., vid startpunkten av de 2300 aftnarna och morgnarna.

(c) Årtalet 457 f. Kr. som startpunkt för de 2300 aftnarna och morgnarna i Daniel 8:14 är orsak till de historiska omöjligheter som nämnts under (a) och (b). Detta årtal är även orsak till att adventistisk teologi har hamnat i konflikt med sig själv. Årtalet 457 f. Kr. som den förmenta startpunkten för de 2300 aftnarna och morgnarna i Daniel 8:14 är det främmande element som är orsak till de inbördes konflikterna inom adventistisk teologi som i denna bok har blivit nämnda.

Vad som har framkommit här, får vidsträckande konsekvenser. Hur tillförlitligt är ett tros- eller "sannings"system som är i konflikt med sig självt? I och med det första ödesdigra antagandet att de två synerna (synen om de 2300 aftnarna och morgnarna och synen om de sjuttio veckorna) sägs höra ihop och därför sägs ha en gemensam startpunkt, har man slagit in på en väg bort från Bibeln. Och den adventistiska profeten E. G. White har bekräftat denna färdriktning.

Vid profetiska föredrag eller seminarier i adventismens regi och i adventistisk litteratur framställs det som biblisk sanning, att profetian om de sjuttio veckorna och profetian om de 2300 aftnarna och morgnarna sägs höra ihop, och att de sjuttio veckorna sägs vara "avskurna" från de 2300 aftnarna och morgnarna. Detta ödesdigra antagande åtföljdes sedan av ytterligare antaganden. Mellan de länkar som av E. G. White kallas "en fullkomlig helhet" finns ett gapande hål där en viktig länk fattas, den felande länken. Dess ställe har intagits av ett antagande – med ödesdigra konsekvenser.

En följd av detta antagande var uppkomsten av den nya adventistiska läran om den "Undersökande domen" som nästa kapitel kommer att handla om.

Referenser

1. https://www.biblehub.com/ojb/daniel/8.htm
   Daniel 8:14: "And he said unto me, Unto erev-boker two thousand and three hundred, then ..."

2. https://www.biblehub.com/ojb/daniel/9.htm
   Daniel 9:24: "Shivi'im heptads is decreed upon thy people ..."

3. White, E. G., *Spirit of Prophecy*, bd. 1, s. 1129, Avsnitt "End of the 2300 days": "I saw the Father rise from the throne, and in a

flaming chariot go into the holy of holies within the veil, and sit down." På svenska: "Jag såg Fadern resa sig från tronen och i en eldvagn fara in i det allraheligaste innanför förlåten, där han satte sig ned."

4. *Svenska Folkbibeln 98*. Hebréerbrevet 1:3; Hebréerbrevet 9:24 (helgedom=Kodesh HaKodashim som betyder det allraheligaste); Hebréerbrevet 9:12; Hebréerbrevet 10:12; Hebréerbrevet 10:19-20; Romarbrevet 8:34.

5. Titus Flavius Josephus (94 e. Kr.). *Antiquities of the Jews*, bd. 10, kapitel 11.

6. *Bra Böckers Lexikon* (1988), bd. 1, s. 244. Höganäs: Bokförlaget Bra Böcker.

7. *Svenska Folkbibeln 98*. "I kung Belsassars tredje regeringsår såg jag, Daniel, en syn ..." Daniel 8:1. Svenska Folkbibelns anmärkning: *Belsassars tredje regeringsår* År 551 f. Kr.

8. *Svenska Folkbibeln 98*. "I Ahasveros son Darejaves första regeringsår ..." Daniel 9:1-2. Svenska Folkbibelns anmärkning: *Darejaves första regeringsår* År 539 f. Kr.)

9. *Bra Böckers Lexikon* (1988), bd. 1, s. 244. Höganäs: Bokförlaget Bra Böcker.

10. 1. Mackabéerboken 1:7-10, 16-64; 1. Mackabéerboken 3:37; 2. Mackabéerboken 9:7-10.

11. White, E. G., *The Great Controversy*, s. 423.

12. White, E. G., *Testimonies for the Church*, bd. 3, s. 448.

Kapitel 9

Läran om den "Undersökande domen"

Läran om den "Undersökande domen" är en ny lära som uteslutande finns i adventistisk teologi. Själva begreppet "Undersökande dom" finns inte i Bibeln, det förekommer endast i adventistisk litteratur. Denna lära är helt unik.

Låt oss gå tillbaka till den tid då de troende förgäves hade väntat på Jesu återkomst den 22 oktober 1844. Hiram Edson, en av de troende, hade då en "ingivelse" att Jesus, i stället för att komma till jorden, sades ha öppnat dörren till det allraheligaste i den himmelska helgedomen och ha börjat med "helgedomens rening" som innebar "den Undersökande domen". E. G. White, den adventistiska profeten, skriver om den:

"Vid den tidpunkt som hade fastställts för domen vid slutet av de 2300 dagarna år 1844, började arbetet med undersökningen och utplånandet av synden. Alla som någon gång har bekänt sig tro på Kristi namn måste gå genom denna granskande undersökning." - E. G. White, *Den stora striden*, s. 466.

"Man börjar med dem som först levde på jorden ... och slutar med de nu levande. Varje namn blir nämnt, varje fall blir noggrant undersökt." - E. G. White, *Den stora striden*, s. 463.

Tidigare i denna bok har redan nämnts hur den adventistiska läran om den undersökande domen kom till. Nu skall innebörden av denna lära belysas. Det har även redan lagts fram i denna bok att läran om den undersökande domen förutsätter att det finns två avdelningar i den himmelska helgedomen. Men det har redan visats tidigare i boken att Bibeln inte stöder tanken på två avdelningar i den himmelska helgedomen, som är åtskilda från varandra genom en fysisk förlåt. Enligt vad apostlarna har meddelat oss finns inte någon fysisk förlåt i himlen, ty Jesus med sitt brutna kött är förlåten, och att den himmelska helgedomen i stället endast består av det allraheligaste som fyller hela helgedomen.

Hur de heliga platserna i himlen i detalj ser ut kan vi människor endast ana. Jesus är den nya och levande vägen till Gud. Det skulle inte finnas något behov av en första avdelning i himlens helgedom och inte heller något behov av någon präst som skulle tjänstgöra där, eftersom Jesus som vår överstepräst redan hade tillträtt sitt ämbete i det allraheligaste i himlen. Jesus innehar en **översteprästs** tjänst som förrättas i det allraheligaste vid Guds högra sida på Guds tron.

Enligt läran om den undersökande domen sägs Jesus den 22 oktober 1844 ha lämnat den första avdelningen, det heliga, i den himmelska helgedomen och gått in i den andra avdelningen, det allraheligaste i himlens helgedom. Där påbörjade han enligt adventistisk teologi "helgedomens rening", det vill säga reningen av den himmelska helgedomen från de troendes bekända synder. Enligt adventistisk lära sägs helgedomens rening vara identisk med den undersökande domen, som innebär att Jesus sägs gå igenom vartenda namn på alla människor som någonsin har bekänt sig tro på Gud och Jesus. Denna undersökning som sägs börja med dem som först levde på jorden (från och med Adam) och sluta med de levande, går enligt adventistisk teologi ut på att visa, vem som är värdig att få evigt liv. Enligt denna lära skall det endast vara troende som granskas i den undersökande domen.

Att den undersökande domen anses börja 1844 har enligt adventistisk lära sin grund i profetian i Daniel 8:14 som talar om att helgedomen efter 2300 aftnar och morgnar skulle renas och återställas. Där står:

"Då svarade han mig: 'Tvåtusentrehundra kvällar och morgnar, sedan skall helgedomen renas och återställas." Daniel 8:14.

I kapitel fyra i denna bok nämndes redan de 2300 aftnarna och morgnarna och årtalet 1844 e. Kr. Årtalet 1844 räknades fram genom att man från år 457 f. Kr. gick 2300 år framåt i historien. Man kom då till år 1843, men det ändrades sedan till år 1844. Den dagen, trodde man, skulle Jesus komma tillbaka till jorden. Men han kom inte. De troende upplevde en mycket stor besvikelse. Många av de väntande hade sålt eller skänkt bort sina ägodelar eller låtit bli att inbärga sina skördar. Uträkningen stämde, tyckte de troende. Då fick Hiram Edson, en av de troende, en ingivelse att Jesus år 1844, i stället för att komma till jorden, skulle ha lämnat den första avdelningen, det heliga, i den himmelska helgedomen och gått in i den andra avdelningen, det allraheligaste, i helgedomen i himlen för att där börja med helgedomens rening som innebär den undersökande domen. Hiram Edson antog att det var den himmelska helgedomen som skulle renas (i stället för jorden). Den adventistiska profeten E. G. White tog upp denna teori och stadfäste den, och på detta sätt blev den senare en central punkt i adventistisk teologi, en "bärande pelare".

I denna undersökande dom avgörs enligt adventistisk teologi om en människa är värdig att få evigt liv, eller om hennes namn tas bort ur livets bok. Läran om den undersökande domen som år 1844 sägs ha börjat i himlen, är en grundläggande lära i adventistisk tro. Den är orubbligt förenad med adventismens trossystem. Den är en bärande pelare. Kusligt är bara att denna bärande pelare är byggd på en ostadig grund som består av mänskliga antaganden.

En konsekvens av den adventistiska läran om den undersökande domen är att de kristna från och med apostlarnas tid fram till 1844 har sökt Jesus på "fel" ställe. Dessa kristna visste på grund av apostlarnas ord att Jesus efter sin himmelsfärd fanns på Guds högra sida på Guds tron i det allraheligaste i himlen, dit de av apostlarna uppmuntrades att nalkas:

"Bröder, i kraft av Jesu blod kan vi nu frimodigt gå in i det allraheligaste ..." Hebréerbrevet 10:19.

Men enligt adventistisk teologi fanns Jesus inte där de uppmuntrades att söka honom. Enligt adventistisk lära skulle Jesus ha funnits i en första avdelning. De troende skulle med andra ord ha blivit bedragna av apostlarna **om** den adventistiska läran var sann. Men vi har Bibelns vittnesbörd att Jesus efter sin himmelsfärd har gått in i det allraheligaste och intagit sin plats på Guds högra sida på Guds tron.

"Men nu har Kristus kommit som överstepräst för det goda som vi äger. Genom det större och fullkomligare tabernakel som inte är gjort med händer, det vill säga som inte tillhör den här skapelsen, **gick han en gång för alla in i det allraheligaste**, ..." (Fetstil av förf.) Hebréerbrevet 9:11-12.

Följande bibliska och historiska fakta visar att det är något som är uppenbart fel med den adventistiska läran om den undersökande domen:

- Om Abel står det skrivet att han var rättfärdig inför Gud. Matteusevangeliet 23:35. Rättfärdigförklarad utan undersökande dom.
- Mose, Hanok och Elia är redan i himlen. Matteusevangeliet 17:3; Hebréerbrevet 11:5. Rättfärdigförklarade utan undersökande dom.

- Abraham, Isak och Jakob kommer enligt Bibeln att vara i himlen. Matteusevangeliet 8:11. Rättfärdigförklarade utan undersökande dom.
- Paulus visste redan under sin livstid att livets krona väntade honom. 2. Timoteusbrevet 4:8. Utan undersökande dom.

Den adventistiska läran om den undersökande domen har kommit till som en följd av den stora besvikelsen över Jesu uteblivna återkomst den 22 oktober 1844.

Den stora besvikelsen å sin sida var en naturlig följd av att det räknades ut en tid för Jesu förmenta återkomst till jorden. Ingen människa vet något om den tiden, endast Gud vet. Det är emot Jesu ord att bestämma en tid för denna händelse.

Uträkningen av en tid för Jesu återkomst byggde på antagandet av en startpunkt för de 2300 aftnarna och morgnarna. Med hjälp av startpunkten kom man fram till 1843, senare 1844.

Detta antagande är en följd av det första ödesdigra antagandet att synen om de 2300 aftnarna och morgnarna och synen om de sjuttio veckorna sades höra ihop och ha en gemensam startpunkt.

Eftersom den förmenta startpunkten för de 2300 aftnarna och morgnarna inte är förankrad i Bibeln utan endast bygger på antaganden, är de läror som bygger på denna startpunkt inte heller förankrade i Bibeln, med andra ord, de har ingen biblisk grund. Dessa läror är:

* Jesu tjänst från och med sin himmelsfärd fram till den 22 oktober i en "första" avdelning i den himmelska helgedomen;
* Jesu inträde den 22 oktober 1844 i det himmelska allraheligaste;
* den himmelska helgedomens rening med början den 22 oktober 1844, som innebär den undersökande domen.

Liksom Fadern har älskat mig,
så har jag älskat er.
Bli kvar i min kärlek.

Johannesevangeliet 15:9

Kapitel 10

Helgedomens rening i Daniel 8:14

Daniel skriver:

"Sedan hörde jag en av de heliga tala, och en annan helig frågade den som talade: 'Hur lång tid avser synen rörande det dagliga offret och det förödande avfallet som gör att både helgedom och härskara förtrampas?' Då svarade han mig: 'Tvåtusentrehundra aftnar och morgnar, sedan skall helgedomen renas och återställas.'" Daniel 8:13-14.

Vi förstår att det är helgedomen som efter 2300 aftnar och morgnar skulle bli renad och återställd. Helgedomen har således blivit förorenad och förtrampad, men efter 2300 aftnar och morgnar skulle den bli renad och återställd.

Av de föregående verserna (Daniel 8:11-12) framgår att det lilla hornet i Daniel 8:9 hade tagit bort det dagliga offret och förstört helgedomen (vers 11) och förföljt en härskara (troende, förf. anm.) och slagit sanningen till jorden (vers 12). Allt detta skedde för överträdelsens skull (vers 12). Av ängeln Gabriels förklaring kan vi förstå att det lilla hornet i Daniel 8:9 var en fräck och illasinnad kung (vers 23). Den skulle uppstå "vid slutet av deras välde" (väldet av de fyra delriken i vilka Grekland efter Alexanders död hade delats upp).

Ovan nämnda text i Daniel 8:13-14 talar om att helgedomen skulle förtrampas under en tid av 2300 aftnar och morgnar. Därefter skulle helgedomen renas och återställas. När man läser Daniel kapitel 8 i sitt sammanhang, blir det tydligt att det är den jordiska helgedomen som åsyftas här. Det har tidigare redan lagts fram att det har gjorts flera antaganden i samband med de 2300 aftnarna och morgnarna. Efter alla de olika antagandena har de 2300 aftnarna och morgnarna till sist blivit 2300 verkliga år som skulle sluta år 1844. Och helgedomen har omvandlats till den "himmelska" helgedomen vars rening från de troendes bekända synder skulle börja den 22 oktober 1844.

Detta ger upphov till allvarliga frågor: Genom vem har helgedomen i Daniel 8:14 blivit förorenad? Har det varit de troendes under det gångna året bekända synder? Eller har det varit de troendes, från och med år 457 f. Kr. bekända synder? Vad hände i så fall med de troendes bekända synder *före* år 457 f. Kr. (förtrampandet av helgedomen skulle börja år 457 f. Kr.)? Enligt adventistisk teologi skulle helgedomen i Daniel 8:14 renas från de troendes bekända synder.

Helgedomen i Daniel 8:14 förorenades och förtrampades av det lilla hornet i Daniel 8:14, en fräck och illasinnad kung. Daniel 8:9-13, 23. Denna förorening innebar att denna fräcke och illasinnade kung vanhelgade helgedomen genom att bland annat införa Zeuskulten i helgedomen samt att förbjuda judarnas gudstjänster. (1) Här följer ett citat (2):

"Under en tid som inte beskrivs i Bibeln, den mellan Gamla och Nya testamentet, ville den hellenistiske kungen Antiochus IV av Seleukidien få judarna att sluta tro på Gud. Antiochus hotade med dödsstraff om man utförde något som hade med judisk tro att göra ... Antiochus vanhelgade templet i Jerusalem genom att resa ett Zeus-altare, offra grisar och göra det till en icke-judisk kultplats. Grekerna försökte tvinga prästen Matatias Mackabaios att förleda folket genom att offra till grekernas gud men han vägrade. Detta blev startskottet för ett uppror som leddes av Matatias son, Judas och hans bröder. Dessa lyckades befria Jerusalem och templet. De renade templet från all avgudadyrkan och återinviger det den 25 i

Kislev 165 f. Kr. ... Efter ett gemensamt beslut genom omröstning bestämdes det att hela det judiska folket skulle fira denna högtid varje år." **(2)**

Tidigare i denna bok nämndes "försoningsdagen". På denna dag gick översteprästen in i det allraheligaste i den jordiska helgedomen och åstadkom försoning för de troende. Det innebar samtidigt en rening av helgedomen från de troendes under det gångna året bekända synder. Denna dag hölls varje år på tionde dagen i sjunde månad. 3. Moseboken 23:27.

Men - Hade helgedomens rening i Daniel 8:14 något gemensamt med helgedomens rening på "försoningsdagen" på vilken helgedomen renades från de troendes bekända synder? Nej. Helgedomens rening i Daniel 8:14 var en rening från vanhelgelsen och förtrampandet av helgedomen genom det lilla hornet, denna fräcke och illasinnade kung. Reningen skedde genom Judas Mackabeus och hans bröder **(3)**.

Denna rening av helgedomen från vanhelgelsen genom det lilla hornet i Daniel 8:9 firades härefter varje år. Det kallades "ljusfest". Den historiska bakgrunden till den festen är Mackabéernas återerövring av Jerusalem och templet från de hellenistiska syrierna år 165 f. Kr. **(2)** Jesus besökte denna fest. Johannesevangeliet 10:22.

I adventistisk teologi sätts Daniel 8:14 i samband med försoningsdagen, "den stora verkliga försoningsdagen" som sägs äga rum sedan den 22 oktober 1844 i det allraheligaste i den himmelska helgedomen, där helgedomen nu sägs bli renad från de troendes synder. Men här gör adventistisk teologi åter ett antagande som förändrar innebörden av texten i Daniel 8:14. Daniel 8:14 handlar inte om "försoningsdagen" på vilken helgedomen skall renas från de troendes bekända synder. Att länka samman Daniel 8:14 med försoningsdagen är ett ödesdigert misstag. Helgedomens rening i Daniel 8:14 skulle ske på grund av att en gudlös makt (det lilla hornet i Daniel 8:9, Antiokus IV Epifanes) hade förtrampad och vanhelgat den. Därför har det här inte varit frågan om en "försoningsdag", då bekända synder skulle avlägsnas från helgedomen. Jesus hade redan för länge sedan utfört en rening från synderna:

"Och sedan han utfört en rening från synderna, sitter han nu på Majestätets tron i höjden." Hebréerbrevet 1:3.

En gång för alla gick Jesus efter sin himmelsfärd in i det allraheligaste och vann en evig återlösning. Kristus i det allraheligaste i helgedomen i himlen var ett faktum redan på apostlarnas tid. Liksom översteprästen i den levitiska gudstjänstordningen en gång om året gick in i det allraheligaste för att rena den jordiska helgedomen, så gick Jesus som vår överstepräst en gång för alla direkt efter sin himmelsfärd in i det allraheligaste i den himmelska helgedomen, utförde en rening från synderna och vann en evig återlösning. Hebréerbrevet 9:12.

Referenser

1. 1. Mackabéerboken 1:7-10, 20-59.

2. www.kadosh.se/iframe-chanukka.asp

3. 1. Mackabéerboken 2:4, 66; 1. Mackabéerboken 4:36-54; 2. Mackabéerboken 10:1-8.

Kapitel 11

Funderingar

Djupt inom sig har människan en längtan efter något som är högre än det jordiska, något som består och som ger tillvaron en djupare mening. Människan längtar efter varm och hjärtlig gemenskap, hon längtar efter lycka och efter hopp. Hon längtar efter evigheten och efter Gud. Det är inte något att förvånas över, ty det står redan nedskrivet i Bibeln att evigheten finns i människans hjärta:

> "Också evigheten har han lagt i människornas hjärtan." Predikaren 3:11.

Det är därför helt naturligt för många människor och inte ovanligt att söka sig till en kyrka eller församling. Tyvärr händer det att människan i sitt sökande kan hamna i en församling som verkar vara rätt men som inte förkunnar det rena evangelium såsom det har meddelats oss genom Jesus och apostlarna.

I den här boken har lagts fram hur ett helt nytt samfund med ett nytt "sannings"- eller trossystem kom till bara på grund av ett antagande (som följdes av ytterligare flera antaganden).

Grunden för Bibelns evangelium är historiska fakta som apostlarna förkunnade och för vilka de har varit ögonvittnen. Grunden för adventismen är antaganden och tidsberäkningar.

Upprinnelsen till Bibelns evangelium ligger i Guds kärlek till människan. "Ty så älskade Gud världen att han utgav sin enfödde Son…" Johannesevangeliet 3:16. Tidsmässigt har Bibelns evangelium sin upprinnelse före världens skapelse. "Han var utsedd redan före världens skapelse…" 1. Petrusbrevet 1:20. Upprinnelsen till adventismen är en antagen startpunkt för de 2300 aftnarna och morgnarna och beräkningen när dessa skulle sluta. Detta följdes av ytterligare antaganden.

Bibelns evangelium leder människor till tro på Jesus som deras Frälsare. Det inger hopp, tillförsikt, trygghet och en livssyn som präglas av "det kommer att ordna sig". Adventismens anhängare däremot lever under en mer eller mindre ständig press att klara sig igenom den undersökande domen.

Bibelns evangelium "kräver" inte något av människan. Tvärtom. Jesus har givit allt för människorna, han har utgivit sig själv för att vi skulle få "allt" i honom. Adventister däremot måste (förutom att tro på Jesus) se till att "fullkomna" sina karaktärer för att bli passande för himlen.

Låt oss vända tillbaka till synen om de 2300 aftnarna och morgnarna och synen om de sjuttio veckorna. Det förbryllande faktumet att den adventistiska teologin befinner sig i en allvarlig konflikt med sig själv på grund av årtalet 457 f. Kr. som startpunkt för de 2300 aftnarna och morgnarna, vittnar om att det har varit ett fatalt misstag att göra det ödesdigra antagandet att de båda tidsperioderna hör ihop. Det har varit ett misstag att egenmäktigt länka samman två skilda tidsperioder i ett försök att därigenom få möjlighet att räkna ut något som Gud har undanhållit människan. Den egenmäktigt antagna förmenta startpunkten för de 2300 aftnarna och morgnarna (år 457 f. Kr.) är orsaken till de förbluffande motsägelserna i adventistisk teologi och att denna teologi befinner sig i en allvarlig konflikt med sig själv. Detta vittnar om att de två tidsperioderna (de 2300 aftnarna och morgnarna i Daniel kapitel 8 och de sjuttio veckorna i Daniel kapitel 9) **inte** hör ihop och inte har någon gemensam startpunkt. Den inbördes konflikten i adventistisk teologi vittnar om att årtalet 457 f. Kr. i samband med de 2300 aftnarna och morgnarna inte har någon betydelse och att de läror som bygger på årtalet

457 f. Kr. såsom den förmenta startpunkten för denna tidsperiod är obibliska. Dessa adventistiska läror (de viktigaste) är

- att Jesus efter sin himmelsfärd sägs ha gått in i en "första" avdelning i den himmelska helgedomen;

- att Jesus den 22 oktober 1844 sägs ha öppnat dörren till det allraheligaste i den himmelska helgedomen och gått in där;

- att Jesus den 22 oktober 1844 sägs ha börjat med reningen av den himmelska helgedomen vilket innebär att han sägs ha börjat med den undersökande domen;

- läran om den undersökande domen.

Det tragiska resultatet av detta förfarande (att egenmäktigt ha fastslagit att de två ovan nämnda tidsperioderna hör ihop) är uppkomsten av ett helt nytt samfund med ett nytt tros- eller "sannings"system om vilket inte apostlarna visste något. Speciellt må här nämnas läran om "den undersökande domen" som den 22 oktober 1844 sägs ha börjat i den himmelska helgedomen; en lära som fördunklar Jesu evangelium och hans fullbordade återlösningsverk på Golgata samt vanställer Jesu verk som vår medlare på Guds högra sida.

Ytterligare funderingar med tanke på att det allraheligaste har stor betydelse i samband med översteprästen. Man kan fråga sig varför adventismen förnekar den underbara sanningen att Jesus som vår överstepräst efter sin himmelsfärd har gått in i det allraheligaste, att han har gått in i själva himlen inför Guds tron (Hebréerbrevet 9:12, 24).

Låt oss fundera mera angående Hebréerbrevet 10:19, 20. *"Bröder, i kraft av Jesu blod kan vi nu frimodigt gå in i det allraheligaste på den nya och levande väg som han har öppnat för oss genom förlåten, det vill säga sitt kött."* Vart leder denna nya och levande väg? Den leder till nådens tron i det allraheligaste. Om Jesus är den nya och levande vägen, har det funnits en gammal och livlös väg. Den gamla vägen i den jordiska helgedomen var förmedlingen och försoningen genom översteprästen, när han en gång varje år **genom förlåten** gick in i det allraheligaste inför nådastolen. Försoningen på israeliternas stora Försoningsdag åstadkoms i det allraheligaste vid nådastolen, och **inte** i den första avdelningen i den jordiska helgedomen. På samma sätt kan förmedlingen och försoningen genom översteprästen Jesus inte skiljas från det allraheligaste i den himmelska helgedomen. Och där befinner sig Jesus alltsedan sin himmelsfärd, ty när brevet till Hebréerna skrevs, fanns **den nya och levande vägen genom förlåten** redan (Hebréerbrevet 10:19, 20).

Av betydelse är hur begreppet *förlåt* i Hebréerbrevet 10:19, 20 uttrycks på grekiska och hebreiska. Det grekiska ordet för denna förlåt är

"Katapetasmatos" (https://biblehub.com/text/hebrews/10-20.htm).

Det hebreiska ordet för denna förlåt är *"Parokhet".*

(https://biblehub.com/ojb/hebrews/10.htm).

Katapetasmatos och *Parokhet* syftar alltid till förlåten mellan den första avdelningen (det heliga) och den andra avdelningen (det allraheligaste) i helgedomen, medan *förhänget* vid ingången till helgedomen kallades *"Masak","Masach"* eller *"hanging, screen, curtain".*

(https://biblehub.com/text/exodus/26-36.htm)
(https://biblehub.com/ojb/exodus/26.htm)

Det finns därför inte någon oklarhet, att uttrycket *genom förlåten* i Hebréerbrevet 10:20 syftar till den förlåt som skilde den första avdelningen (det heliga) från det allraheligaste.

En gång för alla har Jesus efter sin himmelsfärd gått in i det allraheligaste i den himmelska helgedomen.

https://biblehub.com/commentaries/hebrews/1-3.htm

https://biblehub.com/commentaries/hebrews/6-19.htm

https://biblehub.com/commentaries/hebrews/6-20.htm

https://biblehub.com/commentaries/hebrews/9-12.htm

https://biblehub.com/commentaries/hebrews/9-24.htm

Låt oss fundera lite mer angående den felande länken. När man ser på de två ovan nämnda synerna såsom de återges i Daniel kapitel 8 och kapitel 9 var för sig, verkar det inte fattas någon länk, ty någon sådan behövs inte eftersom de båda kapitlen, vart och ett för sig betraktat, är fullkomliga som de står i Bibeln och som de har förmedlats oss. Inget av de två kapitlen är beroende av det andra eller behöver det andra för att bli tolkat och förstått. Det är inte förrän man vill sammanlänka de båda synerna som det blir uppenbart att det saknas stöd för detta i Bibeln. Därför behövdes ett antagande. Så långt skulle ingen märka att det bara är ett antagande, för det tas för givet inom adventismen att de två kapitlen med de två synerna hör ihop. Att förbindelselänken fattas, visar sig inte förrän man dels upptäcker den historiska omöjlighet och de motsägelser som tidigare har framhållits i denna bok, och dels försöker hitta orsaken till den historiska omöjligheten och till motsägelserna.

Att den adventistiska teologin befinner sig i en förvånansvärd konflikt med sig själv och med historien, visar sig först vid en noggrann prövning av de bibliska och historiska sammanhangen som rör det lilla hornet i Daniel kapitel 8. Orsaken till denna konflikt är att man har sammanlänkat de båda synerna (synen om de 2300 aftnarna och morgnarna i Daniel kapitel 8 och synen om de sjuttio veckorna i Daniel kapitel 9). Konflikten vittnar om att det har varit ett ödesdigert misstag att sammanlänka de två synerna (synen om de 2300 aftnarna och morgnarna i Daniel kapitel 8 och synen om de sjuttio veckorna i Daniel kapitel 9). I Bibeln finns inte den länk som skulle kunna utgöra ett bevis att de båda tidsperioderna verkligen hör ihop. Med andra ord: I det som av E. G. White och adventismen kallas *"gyllene länkar, sammanlänkade till en fullkomlig helhet"* (1) och *"ett fullständigt och följdriktigt sanningssystem"* (2) fattas en viktig länk. Platsen där denna länk fattas intas av det ödesdigra antagandet att de båda tidsperioderna hör ihop. Nu **såg det ut** som om det var "en fullkomlig helhet, ett följdriktigt sanningssystem". Men den inbördes konflikten i adventistisk teologi vittnar om att årtalet 457 f. Kr. (som startpunkt för de 2300 aftnarna och morgnarna) som fastställdes efter det ödesdigra antagandet, är ett främmande element som varken passar in i den egna (adventistiska) teologin eller i Daniel kapitel 8 eller i det historiska sammanhanget (uppkomsten av det lilla hornet i Daniel kapitel 8). Och orsaken till att detta årtal ger upphov till allvarliga konflikter på flera områden, är att det inte har någon förankring i Bibeln utan har sin upprinnelse i människors antaganden. Hela det adventistiska sanningssystemet bygger på årtalet 457 f. Kr., den antagna startpunkten för de 2300 aftnarna och morgnarna.

En tänkbar väg som skulle kunna hjälpa adventismen på fast mark, skulle kunna vara att vända tillbaka till den punkt där villovägen började, den punkt där det ödesdigra antagandet gjordes, och sedan korrigera färdriktningen. Fortsatta tänkbara steg skulle kunna vara att adventismen börjar samverka med andra kristna församlingar som håller sig till den ursprungliga kristna förkunnelsen. Ett sådant samarbete skulle ge ökad kraft åt evangeliets förkunnelse. Det skulle även vara ett steg på vägen till uppfyllelsen av Jesu översteprästerliga bön om att hans efterföljare må vara ett:

> "Jag ber att de alla skall vara ett, och att såsom du, Fader, är i mig och jag i dig, också de skall vara i oss, för att världen skall tro att du har sänt mig." Johannesevangeliet 17:21.

Utanför adventismens "murar" finns församlingar som strävar efter att bevara det ursprungliga kristna arvet och som väntar på Kristi återkomst. Vilket kraftfullt vittnesbörd skulle inte det vara för kristendomen, om ett samgående med sådana grupper kunde bli verklighet. Vilken kraft skulle inte ett samgående betyda för ett land och för världen!

Referenser:

1. White, E. G. *Testimonies for the Church*, bd. 3, s. 448.
2. White, E. G. *Den stora striden*, s. 407

Ytterligare litteratur där det finns information om adventismen:

Cleveland, Sydney, © 2011. *White Washed, Uncovering the Myths of Ellen.G. White*, LAM Publications, LLC, 733 East Black Diamond Dr. Casa Grande, AZ 85 122.

Gladson, Jerry, Phd, © 2000. *A Theologians Journey from Seventh-Day Adventism to Mainstream Christianity*, Life Assurance Ministries, P.O.Box 11587, Glendale, Arizona 85318.

Kunert, Edda, © 2018. *Adventismens speciella läror – ett trossystem på ett fundament i gungning*, Eldsflammans Förlag & Antikvariat, Fåglum Henrikslund 601, 56596 Nossebro/Sverige.

Martin, Walter, © 2003. *The Kingdom of the Cults – The Puzzle of Seventh Day Adventism*, Bethany House Publishers, USA.

Ratzlaff, Dale, © 2007. *Truth about Adventist "Truth"*, LAM Publications, LLC, P.O.Box 11587, Glendale, Arizona 85318.

Ratzlaff, Dale, © 2009. *The Cultic Doctrine of Seventh-Day Adventism*, LAM Publications, LLC, P.O.Box 11587, Glendale, Arizona 85318.

Webbsidor om adventismen:
www.LifeAssuranceMinistries.com
www.adventist.se (Adventistsamfundet)